# 夜の足

美由《みゆ》さんが高校一年生のとき所属していた女子バレー部は、千葉県で一、二を争う強豪校で、卒業生には全国にその名を轟《とどろ》かせた花形選手が何人もいた。

そのため、将来的にもバレーボールの世界で活躍することを志すジュニア・バレーのエリートが入学生に多かった。

部員の技量は押しなべて高く、その練習量も並ではなく、美由さんも当初は選手になって試合で活躍したいと思って入部したのだが、残念ながら早々に落ちこぼれた。中学校のバレー部で普通の部活動に励んだ程度の経験しかなかったのだ。

しかし、バレーボール自体は、依然として大好きであった。

そこで、退部することなく、一学期の終わり頃からマネージャーに路線を変更して、他の先輩マネージャーらと共に選手部員の補佐にあたることになった。

マネージャーの仕事に、彼女はたちまち順応した。

生来、切り替えが早い性質である。

人の世話を焼くのが好きでもあり、選手部員にあれこれと指図されるのは苦にならなかった。大家族の末っ子で、家が田舎の農家だったことから、母、祖母、叔母、近隣の年輩女性たちに、よってたかって育てられたせいかもしれない。遠征や合宿などの際に、部員の保護者と協力しあって食事の支度や雑用をするのも、むしろ楽しかった。

ハイレベルな運動部の常として、このバレー部も強化練習や遠征試合に熱心だった。日頃の練習時のみならず、合宿の折にも、マネージャーは選手のサポートに当たる。数名の保護者や顧問の教師、コーチなどが同行する合宿は、ときには数日間にわたることもあり、マネージャーの活動の内では特に重要度が高かった。

やがて、毎年恒例の夏季大型合宿の日取りが迫ってきた。

三年生部員の総括となる県大会を中心とする、年間で最も大切な催しだから、日が近づくにつれ、選手たちの緊張と興奮はいや増した。

選手ではないにもかかわらず、美由さんの胸も自ずと熱くなり、大いに張り切った。

この合宿の期間は一週間。県内他校のバレー部と共同で、毎年、夏休み中に開催されてきたという。今年は千葉県内のとある大学キャンパスを借りて行うことが決まっており、参加者の人数は合計一〇〇人にものぼるということだ。

合宿初日、美由さんは、キャンパスが予想以上に広大で建物が何棟もあることに戸惑った。泊まることになった校舎も、たいへん部屋数が多い。

――迷子になりそうな予感がした。

実は彼女は自他ともに認める方向音痴で、幼い頃から数知れず道に迷ってきたのである。

そこで、この合宿中は単独行動を取らないように心掛け、休憩時間中も先輩マネージャーや保護者の方たちに出来るだけくっついていることにした。

宿泊場所に定められた部屋は、広いホールのようなところだったが、美由さんはそこでも選手のお母さん方から離れずに、彼らの間に自分の寝床を延べた。

そこから室内を振り返ると、業者からレンタルした人数分の蒲団の海原が遠くの窓際まで広がっていた。

選手部員の休息を妨げないために配慮して、出入り口の近くに寝床をとっていたのだ。

休憩中の選手部員や隣の部屋に泊まっている顧問とコーチの使い走りも美由さんたちマネージャーの役目で、夜間でも用があると呼びだされた。朝は朝で、五時前に起きて朝食の支度を手伝わなくてはならない。

就寝前のひととき、美由さんはきまって、蒲団の海を渡った向こうに見える横に長い窓を眺めた。

ガラスの外で、夜空が底知れない群青色を繰り広げていた。蒲団の中から、その美しい夜の色を眺めると、今日も無事に終了したことを実感した。するとたちまち気持ちよく脱力して、不意に叩き起こされることがあったにせよ、とりあえず眠りに落ちることができた。


あっという間に日が過ぎて、やがて最終日を迎えた。

その日の夕食は打ち上げを兼ねていて、ご馳走やジュースがふんだんに出された。そのため美由さんは少し飲み食いしすぎたようである。

いつもはそういうことはないのに、尿意で夜中に目が覚めてしまった。

周囲では、さざなみのように大勢の寝息が寄せたり引いたりしている。

半身を起こしても、気づくようすの者はなく、広い室内全体が眠りの最中にあった。

枕もとの時計で時刻を確認すると、午前二時をわずかに過ぎたところ。

起床するのは、これから二時間以上も先である。

そんなに長くトイレを我慢していられるわけがなかった。

室内には冷房がかかっていた。引き戸をそっと開けて忍び足で廊下に出ると、冷気を逃がさないように静かに戸を閉めた。

それからトイレに向かって歩きだしたのだが、廊下の行く手が暗黒に呑まれており、先へ行くほど闇が深くなる景色が、なんとも不気味に感じられた。

廊下は空気も生ぬるい。歩くほどに全身が汗ばんでくるのも、たまらなく不快だった。さっさと用を足して、涼しい部屋の蒲団に戻りたいところだ。

これが合宿が始まってから初めての単独行動になることに、そのとき思い至った。

廊下の突き当たりの手前で、渡り廊下が枝分かれしている。そっちへ進んで、そのまた突き当たりを横に曲がった先の、階段の隣にトイレがあった。さほど複雑な道順ではないし、そろそろ通い慣れてきてもいたので、いかに方向音痴であっても迷うわけがなかった。

部屋の前の廊下は真っ暗だったが、渡り廊下には窓があり、月明かりが差し込んでいた。青い月影に照らされて二〇メートルほどヒタヒタと進み、突き当たりを曲がると、再び暗いトンネルのような廊下に入った。そこをさらに少し歩く。

ほどなく階段の出入り口が見えてきて、その横に女子トイレがあったので、美由さんはホッと息を吐いた。

トイレに入ると、足もとのタイルからひんやりとした空気が脛に絡みつくように這いのぼってきた。壁際のスイッチを入れたところ、ブン……と低く唸って天井の蛍光管が点灯する。さっきから自分以外に音を立てる者がおらず、つい鼓膜に神経が集中してしまう。個室を使い、便座に水を流し、手を洗って、といった一連の動作の狭間に、いちいち静寂が背中から襲いかかってくるのだ。

なにやら怖くなってきて、急いでトイレから出ようとしたのだけれど。

——そうだ。明かりを消さなくちゃ。

咄嗟に思い出して、壁際のスイッチをパチリと押した。

トイレの照明が消えて、眼の奥を闇が占拠した。

その途端、頭の芯が暗転するような強い眩暈《めまい》に襲われた。

壁に手をついて踏みとどまったが、クラッと来た後も頭蓋が圧縮されるかのような重い違和感が一、二秒も続いた。

ようやく眩暈が去り、歩きだそうとして、愕然とした。

一瞬の内に、廊下の右方向か左方向か、どちらから来たのか忘れてしまったのだ。

——どっちだっけ？

渡り廊下に辿り着ければ、そこから先はわかるだろうが、肝心の渡り廊下への戻り方が思い出せない。

一六年生きてきて自分の正気を疑った経験などなかったけれど、これは今しがたの眩暈の影響か、それとも寝ぼけているだけか……。

大いに困惑しつつ、試しに右の方へ歩きはじめた。

ところが、行けども行けども、廊下が終わらない。

方向を間違えたと悟り、引き返そうとして後ろを向いたところ、遠くに明かりが見えた。

トイレから出たときは気づかなかったが、廊下のそちら側の先にある一室に照明が点いていて、光が零れている。

――顧問の先生たちかしら。

顧問とコーチは隣の部屋に泊まっているはずだった。

でも、そうだ、きっと打ち上げの続きをしているんだ。それで、私たちを起こさないように、こんな離れた場所に移動したのに違いない。

先生方なら、きっと道順を教えてくれる。

希望の火が灯り、美由さんはせっせと明かりの方へ歩を進めた。

しかし、またしても、行けども行けども、到着しない。

廊下が搗《つ》きたての餅のように伸びているのかと疑いたくなるほど、なかなか距離が縮まらなかった。

光を見たときにはすぐに着くと予想したのに、すでに五分以上も歩いている。

再び不安に包まれた。

とうとう、泣きたい気持ちで駆けだした……と、どういうわけか、突然、その部屋のすぐ手前まで来ていた。

さっきからずっと奇妙な現象が続いていると思わざるを得なかった。

けれども、煌々《こうこう》と灯った照明が引き戸のガラス窓をやわらかな黄色に輝かせているのを見ながら、最前の緊張を維持することなど出来なかった。

室内で数人の大人の男女が歓談する声と気配も、はっきりと伝わってきた。

——やっぱり、先生たちが宴会してたんだ!

いっぺんに安堵が押し寄せてきて、美由さんは笑顔で「お邪魔します!」と告げながら、ガラリとその教室の引き戸を開けた。

戸を開けると同時に、歓談の気配が消えた。

室内には誰もおらず、代わりに、異様な光景が彼女を出迎えた。

……そう、確かに部屋は明るかった。

しかし、誰も居ない。

シーリングライトに照らされた室内に机と椅子が四〇組ばかり整然と並び、机の上には一輪挿しの花瓶がひとつずつ置かれ、すべてに一本ずつ、種類の異なる花が活けられていた。

そして、それらの色とりどりで形もさまざまな花冠が、風もないのに頼りなげに揺らめいていたのである。

美由さんは、あまりのことに腰が抜け、廊下の真ん中にペタンと座り込んでしまった。

恐怖に喉を締めつけられて、叫びだしたいのに声が出ない。

そんな彼女を嘲笑《あざわら》うかのように、教室の花たちは明るい光に包まれて、ふわふわと揺れつづけていた。

震える手足で廊下を這って逃れようとしたものの、はかばかしく進まない。

少し這っては休み、恐々と花々の部屋を振り返っては、また這って、ようやく壁にすがって立てるようになったとき、今度は、目の前にハイヒールを履いた足が現れた。

ハイヒールは、冴えたレモンイエローをしたエナメル製で、尖ったヒール部分の高さが一〇センチ以上もあった。

それを、くるぶしから下だけの足が履いている。

不思議なほど清潔な印象だった。足首の断面は虚無を想わせる深い黒一色で、右足の甲にある直径五ミリほどの目立つほくろが、色白の肌に鮮烈に映えていた。

そんなものが左右ひと揃い、足もとに佇んでいた。

……と、ほくろのついた右足が、カツンと踵を鳴らして一歩前へ踏みだした。

次いで、左足もカツン、と。

カツン、カツン、カツン、カツン、カツン——軽快な足音を立てながら、たちまちリズミカルに歩きだす。

するとなぜだか、この足についていかなければ、という衝動が湧きおこってきた。

美由さんは足を追いはじめた。

見失う心配はなかった。いくらか蛍光みを帯びているようで、レモンイエローのハイヒールは、墨を流したような廊下から鮮やかに浮かびあがっていた。

間もなく、月明かりに満たされた渡り廊下に出た。

そのまま寝床のある部屋まで来ると、ハイヒールの足が引き戸の前で立ち止まった。

開けろ、と命じられているように感じた。

美由さんは、妙に魅力的なほくろを見下ろしながら、そろそろと戸を開けた。

すると足は宙に踏みだして、そこに透明なスロープが存在するかの如く、眠っている部員たちの上の虚空を斜めに上がっていった。

レモンイエローが窓の外の遥か遠くに去っていくのを、部屋の戸口から見送った。

それから自分の蒲団に体を横たえると、安心したせいで急に眠気が込みあげてきて、何を思う間もなく意識が昏《くら》くなった。

「朝、隣に寝ていた人に肩を揺すって起こされると、すぐに昨夜のことが夢のように思われてきましたし、今でも現実にあったことなのかどうか半信半疑なんですよ」


美由さんがこうおっしゃるので、私はそのキャンパスの所在地について調べてみた。

もしも彼女の体験が心霊現象だったとしたら、そのようなことを生じさせる原因が見つかるかもしれないと考えた次第だ。

その結果、キャンパス内とその敷地に隣接する道路沿いに、合わせて七つの塚があり、さらにその中心からは古墳が発掘されていることがわかった。

中央の古墳は前方後円墳で、横穴式の石室があり、馬具や装飾具と共に多数の人骨が見つかっていた。

また、その周りにある七つの塚はいずれも牛頭天王《ごずてんのう》を祀ったものだという。塚の配置は北斗七星を模《かたど》っていて、それぞれに樹齢を重ねた大木が生えているとのこと。

これらの塚は、七つ合わせて「七天皇塚《しちてんのうづか》」と呼ばれているそうだ。


美由さんの体験を裏づけるかのように、七天皇塚には不気味な言い伝えがある。

七本の木の根元には、生贄《いけにえ》として牛頭天王に捧げられた七人の子どもが埋葬されているという説が存在するのだ。

それに、そもそも牛頭天王自体が、正体不明、出自不詳の恐ろしい神さまだ。

牛頭天王は疫病《えきびょう》を操り、人の生死を分ける。

『備後国風土記《びんごのくにふどき》』にある逸話「蘇民将来《そみんしょうらい》」に武塔神《むとうしん》という別名で登場し、その話の中で「吾は速須佐雄《はやすさのお》の神なり」と蘇民に対して名乗りながら疫病よけの術を説いた。それと同時に、彼を悪しざまに扱った巨旦《こたん》の一族については、疫病に罹患《りかん》させて皆殺しにしたというのだ。

この逸話から、京都の八坂《やさか》神社をはじめとして全国で神仏習合《しんぶつしゅうごう》の祭神《さいしん》として民衆の信仰を集めたのだが、人の命を左右する力だけではなく、「武塔神＝速須佐雄＝素戔嗚尊《すさのおのみこと》＝牛頭天王」と名前が変わるところも謎めいている。

しかも、この牛頭天王が平将門《たいらのまさかど》と習合して、将門信仰にも結びついたというのだから、ますます不思議な感じがするではないか。

七天皇塚があるこの地域一帯は、かつて坂東武者《ばんどうむしゃ》の雄《ゆう》であった千葉氏に領有されていた。日本では、古来より北極星や北斗七星を「妙見《みょうけん》」として崇めてきた。妙見とは、善悪や心理を見通す神通力《じんつうりき》のことだ。

千葉一族は、この妙見を一族の守護とした。平安末期より勢力を拡大し、鎌倉幕府の有力な御家人に躍り出た千葉氏は、妙見を武士団の弓箭神《ゆみやがみ》（弓矢の神。ひいては軍神）とすることで結束を図ったと言われているのだ。

だから、千葉氏が領有していた地域には「妙見さま」こと北辰妙見尊星王《ほくしんみょうけんそんじょうおう》を祀る神社や寺院が今も残っている。

繰り返すが、七天皇塚は北斗七星を模っている。北斗七星すなわち妙見。ここは妙見信仰の地であったとする推理が生まれるのは当然だろう。

では、それがどうして将門信仰に至るのかというと、千葉氏の血脈をさかのぼると平将門に辿りつくからだ。

千葉氏の将門信仰を裏づけるものは枚挙にいとまがないとのことだが、その平将門も千葉氏に先んじて妙見を信仰していたそうで、そのためか、ここを将門の七人の影武者の墳墓であるとする伝説もある。

はたまた「いや違う、千葉氏の七人の兄弟が祀られているのだ」「千葉氏の館の鬼門に置かれたものだ」と実は諸説入り乱れているのだが、総じて恐ろしげな言い伝えばかりだ。

——そのせいか、七天皇塚の木を伐採しようとすると祟られるという噂がある。

噂と言っても、実際に、伐採の必要を説いていた大学関係者が不幸に見舞われたことがあるとか……。

また、この大学のキャンパス内、とくに七天皇塚の周辺では、数々の心霊現象が目撃されているそうだ。

しかも、ここでは陰惨な事件が発生したという経緯まで存在するから、祟りの噂が信憑性を帯びてくるのだ。

——もっとも、私には、この事件こそが心霊現象の原因を作っているのではないか、とも思われたのだが。

昭和五十八年、西暦で一九八三年の一月のことだ。

厳寒の早朝、新聞配達員の青年が白い息を吐きながらキャンパス付近の新興住宅地で新聞を配っていたところ、大学の敷地に隣接する路上で、若い女性の遺体を発見した。

死因は絞殺で、深夜から未明にかけての犯行とあって、殺害当時の目撃者はいなかったが、被害者の身許はすぐに明らかになった。

大学関係者や周辺住民の間で話題の人物だったのだ。

彼女は、遺体発見現場から目と鼻の先の某大学医学部に勤務する研究員で、同じ大学の附属病院の研修医である男性と昨年一〇月に結婚して、新居を構えたばかりだった。

夫婦は共に二十五歳。研究員や研修医というのは概して収入が低いものだ。だから、あるいはこの若さで一戸建ての家を新築しただけでも人々の興味を惹いたかもしれないが、なんと、この新居というのが、キャンパスの一角にある七天皇塚の端に敷地を喰い込ませる格好で建てられたものだから、いっそう注目を集めていたわけである。

そんな場所に家を新築するには、金と力が必要だ。

実は、夫婦どちらの実家も、父が開業医として成功を収めていたのだった。

だから双方の実家が新居の建築費用を折半し、さらに、子どもたちが結婚してそこに入居してからも生活費を仕送りしていた。

妻の実家の方が裕福だったがために夫が入り婿になり、そのためか、当時としては珍しく、夫婦の立場が対等であったことも、大学関係者の間ではよく知られていたそうだ。

つまり彼らは、傍から見れば、非常に甘やかされた子ども同士のカップルであると同時に、時代の先を行く理想の夫婦のようでもあったのだ。

当然、羨望と嫉妬に取り巻かれただろうし、しかも大学の医局勤務は激務だというから、夫婦それぞれにストレスを溜め込んだとしてもおかしくない。

捜査が進むうちに、七天皇塚の新居で暮らしはじめた頃から夫が水商売の女性に入れあげており、夫婦仲に早くも亀裂が走っていたことが判明した。

警察は、すでに重要参考人としていた夫を、あらためて殺人容疑で逮捕した。

それから次第に真実が明らかになった。

彼は、逃げる妻を追いかけて路上に押し倒し、首を絞めて窒息死させた後、亡骸《なきがら》をその場に無雑作に遺棄して家に戻ると、何喰わぬ顔をしていたのだ。

マスコミは、この事件を必要以上におもしろおかしく書き立てた。

程なくして、今度は、夫婦の実家の両親が、四人全員、相次いで病死してしまった。

いくら心労に耐えかねたにせよ、四人ともまだ死ぬような年齢ではなかったのに……。

その後、最高裁で有罪が確定してから九日後、殺人犯となった夫も、独房の畳から引き抜いた糸で自ら首を括って自殺した。

こうして、七天皇塚のそばの家に関わった家族六人全員が亡くなった。

これが牛頭天王や平将門の祟りによるものだったのか、偶然なのか、わかるはずもなかったが、件の家はすみやかに取り壊されて、現在は跡形もない。

ちなみに、この事件で殺害された妻がそういう靴を愛用していたかどうかは確かめようがないけれど、彼女が亡くなった八〇年代初頭は、ネオンカラーのファッションとハイヒールが流行した時期だ。

輝くレモンイエローのハイヒールは、如何《いか》にもその頃のもののように感じられる。

もしかすると、夫によって命を絶たれた被害者の魂が、夜毎、お気に入りの靴を履いて事件現場周辺をさまよっているのではないか。

そして美由さんの前に現れたあの晩も、朝が来る前に帰っていったのでは……。
今では幻となった、七天皇塚の家へと。

# エンコウのこと

伝承好きにとっては山口県の岩国《いわくに》も、また格別に興味深い土地だ。たとえば「二鹿《ふたしか》伝説」にまつわる場所が岩国市内の各所にある。有名なところでは、その名もズバリ「二鹿の滝」。

二鹿伝説がどんなものかというと、平安京に端緒《たんしょ》を発する、化け物退治の顛末《てんまつ》だ。

なんでも、朱雀《すざく》天皇が治める平安時代の御世、比叡山《ひえいざん》に双頭の鹿が棲むようになり、散々暴れまわって民を苦しめていたという。

そこで、勇猛果敢な梅津《うめづ》中将《ちゅうじょう》清景《きよかげ》が、二つの頭を持つ化け鹿を征伐せよとの天皇の御下命《ごかめい》を受けて、比叡山へ馳せ参じた。

化け鹿は彼の追撃をかわし、野を越え山を越えて逃げたが、ついにこの滝で討ち取られた。以上が二鹿の滝の由来で、他にも二鹿伝説に関わるものとして、中将橋という橋が岩国市の玖珂町《くがちょう》にあるという。

ところで、私はこの玖珂町ご出身の方から、こんなおもしろい体験談を伺った。

――私が五六歳の頃のことでしょうか。つまり昭和五二年の、たしか、五月の節句が終わってしばらくした、清々しい日和の午後でした。

同居している孫息子の悟志《さとし》を幼稚園から連れて玖珂町の家に戻って参りまして、いつものように、晶子さんが帰ってくるまでの間、面倒をみていたのです。

面倒と言っても、悟志は聡い子で、五歳にもなりましたし、あまり手がかかりません。

この日も、お着替えが済むと、すぐに縁側で絵本を広げてひとりで読みはじめました。

絵本と申しますか……最近流行《はや》りの漫画家の水木《みずき》しげる先生がお書きになった、妖怪がたくさん紹介されている図鑑のようなもので、悟志は気に入って、このところ毎日熱心に見ていたのです。

おやつを盛った菓子盆を持っていくと、悟志が私を見上げて口を開きました。

「ばばちゃん、河童《かっぱ》って今もおるんかね？」

私は、そんなものは見たことも聞いたこともございませんでした。

「カッパ？　知らんねぇ」

すると悟志は、幼い子どもに特有の、何か非常に一所懸命な可愛らしいようすで前に身を乗り出しながら、本の挿絵を私に示しまして、「ほら、こういうんじゃよ」と訴えました。

見れば、そこには若い頃に見たことのある獣が描かれているではありませんか。たちまち懐かしい想いを掻きたてられつつ、私は悟志が河童と呼ぶ妖怪の絵をじっくりと観察しました。

間違いありませんでした。これは一本杉のエンコウです。

「エンコウじゃね。その絵に描かれてるんは、エンコウいうんよ」

「エンコウ？」と悟志はキョトンとしました。

「まだおるかねぇ、昔はおったけどねぇ」

「ばばちゃん、見たん？」

「ああ。若い時分には何度も見た。ここいらの者はみんなエンコウを知っておったよ」

「ええっ！　どこにおるの？」

「島田川《しまだがわ》の、一本杉の淵におった」

このとき、しまった、と後悔しましたよ。

悟志が大いに興奮して前のめりになってしまいましたから。

「しばらく行ってないから、おらんかもしれんよ」と慌てて言い添えましたが、もう耳に入らないようすで、「行こう行こう！」と騒いでいます。こうなればもはや連れていくしかありませんが、もしもエンコウがいなかったら、きっとがっかりするでしょう。幼い子のことですから、手がつけられないほど泣いてしまうかも……。

私があの辺へ行かなくなって二〇年近くになるのです。考えてみれば、玖珂町のようすは様変わりしていて、一本杉だって、今はどうなっていることやら……。

不安はありましたが、とりあえず悟志と手を繋いで島田川へ向かいました。

ほんの一〇分程度の道のりです。五月《さつき》晴れの午後三時、平らな田畑の連なりはあくまでも緑で瑞々《みずみず》しく、遥か向こうの丘陵を薄い雲の影が横切っていました。

せせらぎが近づくと、悟志は私の手を振り切って、川の方へ元気に駆けていきました。

島田川の一本杉は、杉の木立ちに覆われた川土手の一角でした。杉の木は一本ではなく何本も生えていたのですが、どういうわけか、この界隈の者たちは昔からこう呼んできました。

また、川がここで大きく蛇行して、カーブの頂点のところに深い淵が出来ていたので、この淵を一本杉と呼ぶこともありました。

昔、エンコウは、確かにそこに棲《す》んでいました。何匹も何匹も、淵に潜ったり、黒々と輝く背や、ざんばら髪の頭を水面から出したりして、遊んでいたものです。

でも、悟志と訪ねてみてみれば、川はコンクリートで護岸され、蛇行も修整されていて、深い淵など見当たりませんでした。

エンコウもいません。

落胆したようすで悟志が「おらんね」と言うので、「すまんね」と私は謝りました。

そして罪滅ぼしと、落胆しても泣かなかったご褒美として、昔のエンコウの話をしてやったのです。

私は隣町の周東町《しゅうとうちょう》から来た女です。結婚して玖珂町に移ってきました。先々代より前から、ここでずっと同じ家に暮らしている家族の一員になったわけです。今はもう舅《しゅうと》も姑《しゅうとめ》も亡くなってしまいましたが、私が嫁いできた頃は先々代も達者にしておりましたっけ……。

エンコウの話に戻ります。

初めてエンコウを見たのは、昭和二〇年か二一年、数えで一九のときでした。

私は玖珂町に来て日が浅く、まだ、この辺の事情も地理も、何も知りませんでした。

家事も不慣れですから、無闇に忙しいばかりで捗《はかど》りません。辛いことも多かったと思います。でも、隣近所の奥さん連中が時折ようすを見にきて、隙を見ては私を連れ出してくれたのです。それがとても楽しかった。

そのときも、最近顔見知りになった若い奥さんたちが二人連れだって庭先へ来ると、面白い生き物がいるから見に行こうと私を誘いました。ちょうど洗濯物を干し終えたところで、昼餉《ひるげ》の下ごしらえも済んでおりましたから、私は喜んで彼女たちについていったのです。

「面白い生き物って、どねえなの？」

「エンコウって聞いたことあるかね？」

ないと答えると、二人は顔を見合わせて「思うたとおりじゃのお」「玖珂にしかおらんのじゃ」などと囁《き》き交《か》わしましたから、気になって仕方がありません。

「ねえ、どねえなのよ？」

「まあ、見ればわかるけぇ、待ちんさい。……ほれ、もう着いた！　ここは一本杉とうちらが呼んじょる淵の土手じゃ。あれを見てみな！」

杉の木立ちを抜けて川岸の方に下りると、流れが澱んで深い淵になっているところで、小柄な人のような形の生き物が五、六匹も遊んでいました。

「あねえなもんじゃ。エンコウいうたら、この辺のもんはみんな知っちょる。昔からここに棲んじょるものじゃけぇ。隣町には、おらだったのかい？」

周東では聞いたことすらない生き物ですから、私は「おらだった！」と答えました。

すると、「思うたとおりじゃ。ここしかおらんものなんじゃ」と奥さんたちは、村自慢をする感じで、満足そうに頷いていたものです。

それからも、気になりますから、私は何度もエンコウを見物するために一本杉に参りました。見慣れてくると可愛い感じがしてきましたが、それは彼らが人に似ているからに違いありませんでした。

手足に人のような指があって、泳ぐようすも人の子どものようなのです。また、どの個体にも同じように髪の毛が生えていて、それが一様に顎《あご》ぐらいまでか、せいぜい肩先ぐらいまでのザンバラ髪なのでした。顔も、なんだか人に似ているようでした。

もっとも、人間らしいのはそこまでで、あとは化け物です。

全身真っ黒で、背中がやけにテラテラしていて……お日さまが出ているときなどは、油を塗ったように黒くギラギラと照り輝くものですから、それを見れば離れたところからでも、「あそこにエンコウがおる」とわかりました。

しかし、嫁いで一年も経つうちに、私はエンコウのことなど気に留めなくなりました。戦争が、こんな田舎まで押し寄せてきたのです。この家は農家でしたから、子どもを産んで食べさせていくことは出来ましたが、それでも暮らしは次第に苦しくなり……。

あのとき、悟志には、エンコウの話だけを聞かせました。

ここまでの話をしても、まだ少し気落ちしているようだったので、帰りがけに私の古い茶飲み友だちの家に立ち寄ることを思いつきました。

「エンコウをよう知っちょる人に会わせてあげるけぇ、がっかりするさあ、やめんさい」

茶飲み友だちの家に行ってみると、運好く、縁側で井戸端会議をしている最中でした。みんな私と同世代の奥さん連中です。

悟志がエンコウに会えなかった旨を私が報告すると、四人ほどいた奥さんたちが全員口々に、昔見たエンコウについて語りはじめました。

「おった、おった！　そうじゃ、エンコウは本当におったんじゃよ！　戦後すぐの頃にも、見よった憶えがある」

「護岸《ごがん》工事が始まったけぇ、どっかへ泳いでいってしもうたんじゃない？」

「あそこにおったエンコウの一族は、昔々は、もっと大家族じゃったと年寄りから聞いたことがあるよ。うちらの頃にゃあ、一〇匹もおらだったと思うけど……」

みんなが生き生きと語ってくれて、おまけにお菓子も頂戴したので、すぐに悟志は機嫌を直しました。エンコウの話は以上です。


――今回、私は、この逸話に登場する悟志さんをインタビューさせていただいた次第だ。

彼は現在四八歳。実際にエンコウを見たお祖母さんは、つい先日お亡くなりになったとのこと。大正一〇年生まれの女性だったという。

悟志さんは、私にこう仰っていた。

「この話は、家族と親友にしか話したことがありませんでした。父と母、それから僕の妹は、祖母をはじめとする地元の年寄りが語るエンコウの存在をまったく信じていませんでしたから、他人に話しても馬鹿にされるだけだと思っていたのです。

でも、祖母も、祖母と同年代の玖珂町の人々も、もうみんな亡くなってしまいました。

このままでは、エンコウのことは忘れられてしまうでしょう。

だから、お話しさせていただいたのです。どうもありがとうございました」

# 猿候余話

前項「エンコウのこと」を書くために、悟志さんの談話を補う資料を幾つか集めた。

当時、彼が愛読していたという故・水木しげる先生の本は、朝日ソノラマ文庫から出版された『水木しげる妖怪画集』ではないかと思う。

幼い頃に私も夢中で読んだ。今は古書でしか手に入らない本だが、後年、次々に発売された水木しげる本に図版の多くが再録され、多くの読者を惹きつけている。

エンコウは、漢字で猿候と書く。河童の一種だとする説、あるいは河童の異名だとする説が有力だが、字面を見れば猿である。姿も猿に似ている。

ところで、猿は近代まで別の名前で呼ばれることが少なくなかった。

音読みとしての「サル」は「去る」を暗示し、此の世を去る、運が去るといった不吉を連想させるため、日本各地で忌み言葉にされたためだ。

たとえば「朝のサル話はせぬもの」と戒めていた地域は、東北から九州までと広範囲に及んだ。兵庫県の一部では「猿の話を聞いた日は不吉だ」と言われていたし、それどころか和歌山県西牟婁郡《にしむろぐん》では「おはようござる」と挨拶されたら縁起が悪いからと直ちに帰宅しなければならず、さらに干支の「申」ですら「ソレ」と言うことになっていたそうだ。

そのようにサルという言葉を避けながら、では、獣の猿はなんと呼んでいたのかと言えば、「エテコウ」が比較的ポピュラーな呼び名だったという。

ではエンコウはどうなのかと言うと、和歌山県西牟婁郡では猿を「エンコ」、岡山県の坂本銅山では「ヤインボウ」、福井県では「エンボウ」と呼んでいたが、どれも惜しい。

ドンピシャリのエリアは今回集めた資料では見つけられず、悟志さんの話の舞台である岩国の玖珂町辺りでも「エンコウ」が猿の呼称だったとする証拠の発見には至らなかった。

……と、いうことは、エンコウは猿ではなくて、やはり水棲妖怪なのだろうか。

実は岩国では、他の方も、河童に似た不思議な生き物「猿候（エンコウ）」がいたと証言されている。大正一一年に発表された山口県防府《ほうふ》市の古老《ころう》の談話が、それである。

――防府では河童をエンコウと呼ぶ。池に水が三合あればエンコウが棲むという。頭に水皿があり、水を失うと死ぬ。池の中から長い手を出して泳ぐ者を引きずり込み、肛門から手を入れて、舌を引き抜くという。

如何だろう？　ほとんど河童だと思った方が大半だと予測する。私も「尻子玉《しりこだま》ではなく舌なのか」と意外に思った以外は、これは河童だと感じた。

呼び名も同じで発見場所も近いことから、悟志さんのお祖母さまたちが見知っていたエンコウと同じ生き物だと考えても間違いがなさそうだ。

それとも、猿猴は日本各地に棲息していたのだろうか。

たとえば高知県でも、似たような猿候の昔話が伝えられているのだ。

――猿猴が馬を川に引きずり込もうとしたが、逆に馬に引っ張られて陸にあがってきたので捕まえた。すると猿猴は泣いて詫《わ》びた。許せば謝礼に魚を届けると言うので、放してやり、戸口に木の鉤《かぎ》を掛けておいたところ、翌日から毎朝、その鉤に魚が刺してあるようになった。猿候の恩返しに違いなく、ありがたく頂戴していたが、ある朝、鉤が折れてしまった。そこで、もっと頑丈な鉤と取り替えておいた。しかしその翌朝、魚は届かず、それきり猿候の贈り物は途絶えてしまった。丈夫だから良かろうと思って替えた鉤は、鹿の角で出来ていた。猿猴は鹿の角が嫌いだったのだ。

ちなみに新潟県には、鹿の角を鉄に置き換えた同様の民話が存在する。

広島県の広島駅周辺にも、猿候川、猿猴橋、猿猴橋町、そして路面電車の猿猴橋町停留所と、猿候の二文字が付く場所があり、江戸時代ぐらいまでは猿候が棲んでいたそうだ。

現在、同地には「河童猿候伝説の地」と大書した看板と河童（猿候）の石像が建てられていて、看板に記された案内文はこんな一文から始まる。

――猿候川の河童猿候は、縄文時代から伝わるこの地の水神と考えられます。かつて猿候川の河口付近では豊富な海産物が獲れた。そのため豊漁や海難事故防止を願う人々の間で水神信仰が盛んだった、というのである。

さらに、案内文は、こう結んでいる。

――室町時代に大陸との交易が盛んだった中国四国、北九州の沿岸に猿候という呼び名が広まっていることから、インド発の猿神がルーツであるという研究者もおられます。

……玖珂町のお年寄りの素朴な目撃談から出発したのに、何やら壮大なスケールの話になってきた上に、結局、猿神、ようするに猿に戻ってしまった。

しかしながら、私は、水棲妖怪・エンコウは存在したと思うのだ。

猿候という漢字表記を見たこともなかった人たちの証言が信じるに値しないとでも？

それに、「おった」世界の方が、断然面白いではないか。

# 喪った過去より

敏哉《としや》さんには「岡山一郎《おかやまいちろう》」だった時期がある。元の名前に戻ってからまだ二年にもならないから、記憶が鮮明なうちに誰かに話しておこうと思った、とのことだ。

岡山一郎になる直前のことを彼は憶えている。

二〇一八年一一月上旬、深夜零時に、山口県の徳山《とくやま》駅前に独りで佇んでいたところ、制服を着た二人の巡査に声を掛けられたのだった。

「さっきから、ここで何をしよるんか？　終電に乗ってきたようだが、家はどこか？」

「電車はもう来んよ。不審に思うたけぇ、声を掛けさせてもろうたんじゃ。せわないか？」

敏哉さんには、最後の言葉の意味がわからなかった。巡査は彼の表情を見て言い直した。

「大丈夫ですか？」

寒かったので、「ええ。少し寒いですね」と彼は答えた。

地味な無地のフード付きトレーナーとスウェットパンツという、まるで部屋着のような格好で外に突っ立っていたのだから、体が冷えるのは当然だった。

それにまた、こんな格好だから、巡査たちは彼のことを地元の住民だろうと踏んで、最初はお国言葉で話しかけたのだろう。二人は、すぐそこの駅前交番に詰めていた。

とりあえず交番に連れていかれて、所持品を見せるように言われた。

彼は、自分が何を持っているのか知らなかった。

ただ、「所持品」という単語の意味は瞬時に解した。

鞄の類は持っておらず、手ぶらだった。持ち物はすべて、トレーナーやスウェットパンツのポケットから出てきた。

小さな財布と小銭が少し。合計三万円余りの紙幣《しへい》。文庫本サイズのメモ帳。黒いインキのボールペン。

「これだけですか？　運転免許証は？　スマホは？」

敏哉さんはトレーナーを捲ってみた。下はTシャツ一枚だった。

「ご家族に連絡を取りますから、お名前とご住所、電話番号を書いてください」

彼は悩んだ。言葉の意味はわかるのだが、名前や住所などを忘れていたのである。

警察署では、さらに入念な調査が行われた。

薬物中毒の疑いもかけられ、尿検査されたが結果はシロ。

また、敏哉さんの特徴に合致する人物の捜索願が出されていないか、全国の警察署の記録も照合された。しかし、どこからも届け出はされていなかった。

県警の担当者は、「そうなると、ヒントはこれだけですね」と彼が持っていたメモ帳の一ページ目を開いて見せた。そこには、こう書かれていた。

《岡山で降ります》

交番から警察署へ、警察署から山口県警へ、そしてこのメモが理由となって岡山県警から、さらに岡山市役所へ、それから同市役所福祉課へと、敏哉さんの事案は引き継がれた。

岡山では、市民病院の精神科に三日ほど入院して精密検査も受けた。

その結果、彼は解離《かいり》性《せい》健忘症《けんぼうしょう》だと診断された。


「福祉課で岡山一郎という名前を貰って、市役所の近くにアパートを借りてくれたんです。さらに間もなく、福祉課の仲介で、老人介護のデイサービスを行っている民間会社にヘルパーとして就職できました」

「では、今も介護ヘルパーをなさっているんですか?」

「はい。前の仕事はコンピュータ関連の技術者だったそうなんですが、信じられませんね」


敏哉さんは、すぐに介護ヘルパーの仕事に馴染んだ。

また、福祉課から精神科への通院を勧められ、月に一度、通うようになった。

岡山に来て一年近く経ったあるとき、精神科の医師から、フェイスブックやツイッターなどソーシャルネットワーク・サービスのアカウントを開設することを勧められた。

知り合いの目に留まれば、過去を取り戻すきっかけになるかもしれないからだ。

そこでツイッターのアカウントを開設して、記憶喪失である旨とこれまでの経緯をプロフィールに書いたところ、二ヶ月後に、テレビ局から出演依頼が来た。

全国放送で身許を捜索する、生放送の番組だった。

それに出演すると、放送中に両親と妹からテレビ局に電話が掛かってきた。

神奈川県相模原《さがみはら》市の家で同居していた長男が、一年三ヶ月前に失踪して捜していたが、テレビに映っている敏哉さんで間違いないというのだ。

——ところが、敏哉さんにとっては、彼らは他人も同然なのだった。

会った瞬間、思わず「はじめまして」と挨拶してしまった。

途端に、母と思しき中年女性が泣きだした。

妹に違いあるまい二十代の女性が、その傍らにいた。彼女の顔立ちが自分に似ているのが、何か不思議な感じがした。

「お兄ちゃん、前はプログラマーだったんだよ？　システムエンジニアで……すごく頑張って会社から独立して、いつもとっても忙しそうで凄いなって尊敬してた。仕事中にフラッと出てったから、コンビニにでも行くのかと思ったら、そのまま夜になっても帰ってこなくて……でも、まさか行方不明になるなんて！」

そう言われて、自分が使っていた部屋に案内された。

若い男の部屋らしいと思った。仕事のために読んでいたというＩＴ関連の書籍が何冊もあった。しかし、そのページを捲ってみても、そこにあったパソコンやスマホを弄っても、まったく何も思い出せなかった。

家族のアルバムを見せられても、同じことだった。

可愛がっていたという犬に引き合わされたが、何の感慨も湧かない。

次第に、家族に責めたてられているように感じはじめた。

プログラマーの仕事を再開するように両親に勧められたが、それも苦痛なことだった。必要な知識が消えてしまっているし、自分には向いていないと思われた。独りでパソコンに向かって過ごすなんて、寂しくならないのだろうか？

デイサービスの介護ヘルパーは、人とのふれあいがあって楽しい。最近ではずいぶん仕事も出来るようになって自信がつき、お年寄りたちにも喜ばれているのに、どうして家族に理解してもらえないのかと残念だった。

各種のパスワードを記したノートが見つかり、スマホの通話記録やアドレス帳を確認したのだが、親しくやりとりしていた相手が見つからなかった。親友も恋人もいなさそうだ。察するに、昔の自分は孤独だったに違いない。

しかし岡山では、この約一年で、友人や知人が何人も出来た。その全員が善い人たちで、みんなに感謝しながら、日々コミュニケーションを取って、充実した日々を送ってきた。

やがて、両親や妹は、彼の性格が変わったとしきりに指摘しはじめた。

「あなたは仕事熱心で、外食や旅行に興味がなかった」「もっと無口で、暗かった」

そんなふうに以前の自分がどんな人間だったか説明されると、何だかイヤな、好きになれそうにない知らない男の像が浮かんできた。

――と、ここまでは、常識的に考えれば、怪談になりようがない話かもしれない。

しかし私は、これはこれで、とても怖い話だと思うのだ。

以前、ある出来事を境に実のお姉さんの性格がまるで変わってしまい、顔つきまでも別人のようになったという体験談を聞いて、「姉」という話を書いたことがある。

そのときのインタビュイーさんは、「本当はあのとき姉の魂は死んでしまって、今、私のお姉さんを名乗っているのは別人なんじゃないか」と語っていた。

それと同じように、敏哉さんも失踪前と後とで魂が入れ替わったのではないかと私は考えたのである。

彼は家を出てから三日後に発見されたことが現在では判明しているのだが、その三日の間に、元の魂が死んでしまったのだとしたら？

思うに、自分史の完全な削除は人生の死だ。

リセットされて、ゼロの状態からあらためて書き込まれていったのが、現在の敏哉さんということになる。

「僕は今、三三歳なのですが、両親や妹から聞くところでは、記憶を失う前に交際していた女性は一人だけで、その人と別れてから何年も経つとのことでした。どちらかと言えば女性と縁遠い、モテない男だったようで、もう何年も彼女がいなかったそうです。

それが、岡山一郎としてデイサービスで働きはじめたら、わりとすぐに恋人が出来ました。

職場で知り合った若い女性と、何かこう、とても自然にすんなりと恋愛関係になって、住んでいるアパートに呼んで一緒にご飯を食べるようになったんですよ。

築二年の二階建てのアパートで、僕の部屋は一階でした。場所は岡山市の市街地から車で一〇分ぐらい……あ、そうだ！

家族と再会して免許証を取り戻してから、車の運転が出来るようになりました。運転の仕方は忘れていなかったんですよ。不思議なものですね。

……すみません、話を戻します。

そのアパートの部屋では、僕は二番目の住人だと最初に大家さんから聞かされていました。最初の住人は女子大生で、新築のときから住んでいたそうです。たぶん大学を卒業して退居したんですね。

そのときは、大家さんが前の人はショートカットの可愛い娘さんだったなんて言ったので、こんなむさくるしい男ですみませんね、と、ふざけて言い返したものです。

狭かったんですけど、築二年だからまだ新しいし、しかも僕が毎日床を磨きあげるので、ますますピカピカで、胸を張って彼女を呼べる綺麗な部屋でした。

……また話が逸れますけど、家族によると、僕の部屋はいつも散らかっていたそうです。片付けないし、掃除は母任せで、ホコリが溜まっていても平気だったとか……。

岡山一郎になってからは、散らかっているのは我慢できませんし、自分の部屋はいつも隅々まで清潔にしておきたくて、暇さえあれば掃除してるんですけどね！

さて、昨年の六月のことですが、いつものように床を拭き掃除していたら、台所のシンクの前に、金色をした長い髪の毛が一本落ちていたんです。

僕は真っ黒な短髪ですし、僕の彼女も肩にかからない長さの黒髪です。

彼女以外の人を部屋に上げたことはありませんでした。

じゃあ、この金髪は僕か彼女の服に付いていたのかな？　そう思いますよね？

でも、僕たちが日頃接するのは老人ばかりで、金髪の人なんて一人もいません。

混雑した電車やバスに乗ることもないし、着ている服にそんなものが付着する原因が思い当たりませんでした。

五〇センチ以上ある、本当に長い金髪なんですよ。

よく見ると毛根が付いてました。だから人毛なのは間違いありません。

たぶん女性の髪の毛だと思います。細くて柔らかいけど適度に張りがあって、艶やかで。

僕は気味が悪くなって、それをちり紙に包んで、翌朝すぐにアパートのゴミ集積所に捨てに行きました。

ところが、それから三日後、今度はお風呂場のドアのところに、まったく同じ毛が落ちていたのです。

同じような長さで、髪の色も同じで、また一本だけでした。

僕はゾッとして、すぐさま、その髪もゴミ集積所に持っていきました。

だけど、その後も、週に二度も三度も、それが繰り返されたんです。

便器の水に浮かんでいたこともありました。

ええ、ゾーッとして、もちろん即座に流しました！

だいたいは掃除のときに発見するので、侵入者を疑いもしました。僕の留守中に、金髪でロングヘアの不審者が部屋に入り込んでいるんじゃないかと思ったわけです。

それで鍵を交換したり、戸締りを厳重にしたりしたんですけど、全然止まない。

実家を訪ねたときに、あちらの自分の部屋もくまなく探しましたが、金髪なんて落ちてませんでした。昔、僕が付き合っていたという女性の写真も確認したけど、金髪じゃありませんでしたし、もう、わけがわかりません。

だんだん恐ろしくなってきましたが、そんなときでも彼女との付き合いは続くものなんですね。うちに平気で招いていましたし……。

最初に金髪を発見してから三ヶ月以上が経って、去年の一〇月のことですけど、前の晩泊まっていった彼女が、朝、帰ろうとしたときのことです。

玄関で靴を履きかけて上がり框《かまち》に屈みこんだ……と思ったら、ピタッと動作を止めて、僕の方を振り向きました。

その表情が見たこともないほど険しかったからビックリして「どうしたの?」と僕は訊ねました。すると「これ誰の?」と訊き返されて……もうその瞬間、嫌な予感がありました。

……あれなんじゃないかなって思ったんですよね。

そしたら案の定……彼女が「これだよ」と自分の靴を指差して……。

真っ赤なコンバースのスニーカーです。その上に、例の金髪が一本フワリと……。

ああ、やっぱりって思いました。

それで、今までのことを全部彼女に打ち明けると、そんな怖い部屋には二度と来たくないと言われてしまったので、仕方ないから引っ越したんです。

だけど、こんどの部屋にも、またあの金髪が出そうな気がして仕方なくて……。

だから今でもビクビクして、掃除の最中や何かに、ふと気がつくと探しちゃってるような始末です。

僕が記憶喪失になったことと、謎の金髪は何か関係があるんでしょうか？」


記憶にない金髪は、彼が喪失した過去から送り込まれてきたのだろうか。

そうかもしれない。

時折、彼の部屋を訪れては、一本、また一本と、髪の毛を落としていく超自然的な存在。

それは、よもや自分がすっかり忘れられているとは知らないのだ。

それとも、いつか彼が思い出してくれることを願って、そんなことをしているのか……。

# きこり奇聞

恐山《おそれざん》で有名な青森県むつ市田名部《たなぶ》ご出身の眞《まこと》さんという男性から、山の話を伺った。

昔から田名部地区は林業が盛んなところで、彼の家でも林業会社を家族経営していた。代表を務める祖父は代々「きこり」をしてきた杣人《そまびと》の末裔で、地元の森林組合からの信用が篤く、親戚にもきこりが多かった。

きこりの仕事は伐採だけではなく、その作業は多岐にわたる。たとえば夏は下刈りや蔓《つる》切り、枝打ちに励み、冬から春にかけては、寒伏《かんぶ》せや雪起こし、値つけなどもする。田名部のような降雪地帯では、雪起こしや積雪に備えた杉の牽引作業もしなければならない。


昭和三〇年代半ばのこと。

そのとき、眞さんの祖父は組合のきこり仲間と二人で、杉の木の牽引を行っていた。

一〇月下旬の午後だった。冬になる前に、雪の重さで幹が曲がらないよう、この辺り一帯の杉の木に一本一本ワイヤーを掛けて固定する必要がある。しかし、この日はどういうわけか朝からずっと何をしてもうまくいかず、作業が少しも捗《はかど》らなかった。

「こぃ以上やってあったら、夜（ばげ）になってまる。今日はここまでどすべ！」

青森の秋は冷える。一〇月でも夜の最低気温は六、七度と、かなり寒い。

ましてや山だ。標高の分だけ気温が低くなる。足もとも悪いし獣もおり、夜は危険だ。

二人は、日のあるうちに下山しようと思い、急いで道具を片付けて林道へ向かった。

どちらも当時は三〇歳前後。少年の頃からきこり仕事をしてきて、山に慣れていた。

だからこそ、今日は早めに見切りをつけることにしたわけだ。

夕方の四時頃に下山を開始した。三〇分余りで麓《ふもと》の道路に辿り着くはずだった。

しかし、なぜか歩くそばから目の前の斜面が長く延びていくようで、麓が見えてこない。

次第に辺りが暮れなずむ。道に迷ったようだと二人は気づき、方位磁石で方角を確かめた。

慎重に方角を見究め、地図と照らし合わせながら、山の斜面を下った。

しかし一向に麓に辿り着かない。そこで再び方向を修正して歩きだしたのだが……。

そうやって森をさまよううちに、ますます深みにはまっていった。

とうとう日没を迎えると、大変なことになった、と二人揃って青ざめた。

こうなってしまったら、山小屋で夜を明かした方が安全だ。

……と、思うや否や、忽然《こつぜん》と目の前が広々と開けて、小屋が現れた。

きこりの山小屋にしては普請《ふしん》が悪く、雪が積もったらたちまち潰れそうなオンボロの建物だったが、少なくとも屋根と壁がある。

ありがたいと思って駆け寄った。

しかし人の気配はせず、残念ながらドアに鍵が掛かっていた。窓も、杉板の雨戸が立てであって開けられない。

一階建ての四角い建物だ。眞さんの祖父は、どうにか中に入れないかと壁の周りをグルッと回ってみた。一つ目の角を回り込み、二つ目、三つ目……と一面ずつ壁を見ていくと、三つ目で、雨戸の杉板に節穴があるのを見つけた。

ここに片目をくっつけて覗いてくれとせがんでいるような節穴だった。

彼は雨戸に顔を摺り寄せて、穴に片目を近寄せた。

中は座敷で、行燈《あんどん》の明かりが灯っていた。

人がいる！　女だ！

女が畳に横座りになって、真っ赤な長襦袢《ながじゅばん》の裾《すそ》をしどけなく乱していた。

畳に投げ出した両脚の伸びやかなこと……。ふくらはぎの艶めかしさ。むっちりとした程よい肉づきで、桃色の膝小僧も可愛らしい、極上の脚である。

思わず目を奪われた。その脚が、もぞり……と動いた。

誘うように、ゆっくりと脚が左右に開いてゆく。

赤い長襦袢が、ますますはだけて、太腿が露わになってきた。

「よす！　あどわんつか（ヨシ！　あとちょっと）……」

「何やっちゅん！」

——いきなり乱暴に肩をどつかれて、彼は正気に戻った。

生きた馬の尻が目の前にあった。

粗末な馬小屋に、栗毛の馬が一頭つながれていた。マタギか近隣の農家の馬のようだった。

この状況から察するに、彼は節穴ではなく馬の肛門を懸命に覗こうとしていたようだ。

蹴とばされなくて幸いだった。

連れは呆れ顔で彼を見つめて、あらためて「何やっちゅん？」と訊ねた。

色っぽい女が脚を開いて……と説明するのが恥ずかしく、それにまた、思い返してみれば顔が見えなかったのだから、そもそも本当に女だったかどうか……。

狸だったのではないか。

「うわあ！」と彼は今更ながらに悲鳴をあげた。

そして、うわあうわあと喚きながら、闇雲に斜面を駆け下りはじめた。

「うおーい！　何やっちゅんだが訊いでらんだよ！　おい待でて！」

連れが必死で追いかけてくるのがわかったが、何にどんな化かされ方をしたものか、今度は足が止まらなくなった。

転がるように暗い森を二人で走っていたところ、急に地面が平らかになって、気づけば麓の道路に並んでへたり込んでいた。

そこからは何事も起きず、それぞれ、里の我が家へ帰ることが出来たという。


眞さんは、小学校の中学年ぐらいから、きこり仕事を手伝うようになった。

初めのうちは、山へ行くたびに祖父から指導を受けた。

その日は初めての伐倒《ばっとう》作業で、油圧ジャッキの使い方を教わった。

太い木を伐り倒す際に、切り口に小型の油圧ジャッキを仕込むことで、木が倒れる角度と位置を正確に定められる。大木の伐倒は危険が伴うため、これまでは作業中に近づくことすら禁じられていた。

高さが何十メートルもある巨大な木が伐り倒されるようすは迫力満点。ダイナミックな光景に立ち会わせてもらって、眞さんはとても興奮していた。

正午頃に休憩して、祖父と向き合って弁当を食べた。キンキンに冷えて乾いた大気が、晩秋の山全体を覆っていた。香ばしい木屑の香りが辺りに満ちて、鳥の声に振り仰いだ空は、樹々の梢《こずえ》に突き上げられて遥かに高かった。

祖母と母がこしらえてくれた弁当は、実に美味かった。

眞さんが食べ終えたのを見計らって、祖父は腰を上げた。

作業を再開するのだ。眞さんは、次に伐り倒す木のところまで油圧ジャッキを運ぶように言われていた。小型とはいえ、数キロの鉄の塊だ。小学生には重たい。

うんしょ、うんしょ、と頑張って祖父がいる木のところまで運んできて、気がついた。

――あ！　ピンが無い！

この手のジャッキは、鉄パイプ状の頑丈なピンを本体に挿し込んで使うのだ。

ピンが無ければ、午後の作業が出来ない。

慌てて、さっき倒した木の切り株の周りを這いまわって探した。しかし、ピンは見つからない。祖父に申し訳ない。一人前に手伝えると思っていたのに、駄目だった。

情けなさが込みあげてきて、涙で視界が曇った。

「怒ねはんで（怒ってないから）泣ぐな。……そごでオスッコすてみ」

「ヘッ？　オスッコ？」

祖父が素《す》っ頓狂《とんきょう》なことを言いだしたので、眞さんは驚いた。

でも、山では祖父の命令は絶対だ。

そこで、とりあえず、その場で立ち小便をした。

小水がきらめきながら宙に弧を描き、下生えの草むらに降りそそいだ。

小水の重みで草の葉が倒れると、根元に何か光るものが……。

ピンだ！　ジャッキのピンが陽の光を反射している。

「わっ！　あった！　なすてずっちゃ（どうして、じいちゃんには）わがったの？」

祖父は、山の神様は女性だから子どもが好きで、子どもにだけは優しいのだ、と説明した。

「わあみんたジジには（俺みたいな年寄りには）こったら親切にすてぐれね」

眞さんの祖父は、彼が高校生の頃に自宅で大往生を遂げた。

節穴と馬の尻の件については、狸に化かされたのだと最後まで信じていたとのことだ。

# 隣に座る男

電車で座席を確保した途端に眠たくなるのはなぜだろう。ことに肌寒い季節は、電車睡魔との闘いに勝つことが難しい。シートの足もとから温風が出ていると、もういけない。

香也子《かやこ》さんも、それまでは心地よく眠っていた。

晩秋の昼下がりである。自宅を出発したときは、街路を木枯らしが吹いていた。

今日は用事があって千葉へ行く予定だ。家の最寄りの浅草橋駅から終点の総武線千葉駅までの所要時間は、約五〇分。駅のホームは寒かった。移動中に昨日買った文庫本を読むつもりでいたが、冷えた体が暖かな座席で緩まると、瞼がすぐに重くなった。

通勤通学の時間帯から外れているので、車内は空いていて、シートの端に座った香也子さんの隣は空いていた。眠り込んでも、他人の肩にもたれてしまう気づかいはないわけだ。

と、そんなことを思ううちに、眠りの中へ、みるみる引き込まれた。

……鼠《ねずみ》が家を齧っている。ガリガリ、ガリガリ。嫌な音が、間近に聞こえる。

鼠は大嫌い。商店街や地下道で見かけたことが何度かあるけれど、出来れば記憶から消したいぐらい。私のそばに、あれがいるの？　おお、気持ち悪い！

香也子さんは鼠への嫌悪感で目を覚ました。

しかし、ガリガリという音は続いていた。何かと思ったら、スーツ姿の若い男が隣に座っていて、しきりに爪を噛んでいるのだった。

片手を口元に当て、ひっきりなしに、かなり強めに爪を噛んでいる。そうしながら、もう一方の手で持ったスマホの画面を、まばたきもせずに凝視していた。

そんなに一心不乱に何を見ているのだろうと思い、さりげなく覗き込んだところ、ただの地図アプリの地図だとわかった。

――変な人。ちょっと頭がおかしいのかもしれない。それに、こんなに空いた車内でどうして私の隣に座ったのかしら。なんだか怖い。

しかし、ほどなく船橋駅に到着すると、隣の男は立ちあがって電車から降りていった。

香也子さんはホッとした……が、それは束の間で、入れ替わるように別の男が乗車してきて彼女の隣に腰を下ろし、ガリガリと爪を噛みはじめた。

# 隣に座った女

電話インタビューの欠点は、インタビュイーさんの容姿がわからないことだ。必要に応じてSNSで肖像写真を確認する場合もあるが、謙一《けんいち》さんは幸い自己申告してくれた。

「私は小太りな中年のおじさんで、着ている服も安物ばかりなので、逆ナンパをされるタイプではないと思うんです」

相槌を打つわけにもいかず、「え、いや、そんな」と笑ってごまかそうとしたところ、たいへん熱心に「本当に不細工で、絶対女性にモテないんですってば！」と力説された。

しかしお話を伺ううちに、この前置きが必要にして不可欠だったことがわかってきた。

新型の感染症が蔓延する前の、去年一月。その日は祝日で仕事が休みだったので、謙一さんは池袋のゲームカフェに昼から入り浸っていた。

ゲームと言っても、彼が好きなのは昔ながらのボードゲーム。独身の彼は、休日は同好の士と集まって過ごすことが多かった。

ゲームカフェを後にしたのは夜の八時過ぎで、池袋駅から乗り込んだ山手線は空いていた。上野駅が自宅の最寄り駅だ。彼は座席に腰かけると、読みかけの本をリュックサックから取り出した。大好きな作家のＳＦ小説で、たちまち夢中で読み耽った。

途中の巣鴨駅から若い女が乗ってきて、謙一さんの隣に座った。

謙一さんは本から目を上げて、思わず車内を見渡した。

ガラガラに空いている。隣の女の横にも、シートの座面がドーンと広がっている。

――なぜわざわざ自分の隣に？

疑問符で頭が一杯になった。

見れば、隣の女は単に若いだけではなく、好みのタイプではないか……。

自分が太めなせいか、華奢《きゃしゃ》で小柄な女性に惹かれがちなのだが、彼女はまさにそれで、細身で可憐《かれん》な容姿をしていた。コートの袖から出た手がほっそりとして、肌理《きめ》の細かな肌は、少し青みがかって見えるほど色白だ。顔はまだ見ていないが、たぶん美人だ。

しかし残念なことに、彼女は酔っぱらっているようだった。

酒臭くはないけれど、座って間もなく、寄り掛かってきたのだ。こちらの肩に頭を乗せて遠慮なく体重を預けてくるのだから、しらふではないだろう。

少しは理性が残っていたのか、ややあって、ちょっと離れたのだが、またすぐに肩にもたれてきてしまった。そして再び離れて、また寄り掛かってきて……。

やがて彼女は、上半身をメトロノームのように左右に揺すりはじめた。

──うひゃあ。おかしなことをしはじめた！　かなり飲んじゃったんだなぁ。

これがもしも男だったら逃げ出すところだが、相手は小柄な女で、しかも好みのタイプ。

謙一さんは読書を再開した。

すると、女が急に両手で彼の左手首を掴んだ。

氷のように冷たい指が手首に絡みついた途端、全身に鳥肌が立った。

「ちょっと！　大丈夫ですか？　……もしかして誰かと間違えてます？」

慌てて叫ぶと、女は無言で体を密着させてきて、全身で彼をコーナーに追い詰めた。そして、彼の肌の感触を愛でるかのように、袖の中にまで指を這いまわらせはじめた。

「私は、あなたの知らない人ですよ！　他人！　……あとで後悔しますよ？」

《次は、日暮里《にっぽり》、日暮里。お出口は左側です。常磐線、京成線、日暮里舎人ライナーはお乗り換えです》

アナウンスが流れて、日暮里駅に到着したのと同時に、女は彼の腕を掴んだまま立ちあがった。

咄嗟《とっさ》に釣られて立ってしまったところ、グイグイ引っ張られて降車口まで来てしまった。

そこで彼は初めて心の底から怖くなって、「離してください！」と叫びながら、女の手を激しく振り解いた。

女は独りでホームに降りると、こちらへ向き直った。

このとき初めて正面から彼女の顔を見た。

電車のドアが閉まっても、女は窓越しに彼を見ていた。

やがて電車が動き出しても、まだ視線が追いかけてくるのがわかった。

見送られながら、彼は衝撃のあまり立ち竦んだまま、その場に凍りついていた。

次の鶯谷《うぐいすだに》駅に着いてようやく我に返り、空いた座席にのろのろと腰を下ろしたのだった。

——さっきの女には顔が無かったような気がするが、そんな馬鹿な。

謙一さんは、「常識的に考えれば顔が無かったわけがないけれど、見たのは確かなのに、輪郭も目鼻立ちも全然思い出せないんですよね」と言って、この話を結んだ。

# 落ちる人影

五六歳の昭夫《あきお》さんは、若い頃から滋賀《しが》県の造園会社で働いてきた。今は家庭を築いて持ち家があるが、結婚するまでは琵琶湖《びわこ》の西側にある会社の独身寮に住んでいた。

造園の現場には、夜の残業というものがない。勤務時間は基本的に九時五時で、遠方の仕事を請け負わない限り、日没前に帰宅できる。

独身寮は社屋《しゃおく》のすぐそばだったので、寮に戻ってから空が茜《あかね》色に染まりはじめることも珍しくなかった。

三一歳のとき、その寮でこんなことがあった。

夕方、自分の部屋に帰ってしばらくすると、空が赤く色づいてきた。

初秋のことで、うろこ雲が高い天蓋《てんがい》を覆っていた。そこを夕焼けが照らしたところ、滅多にないほどの見事な景色となった。この寮は安曇川《あずみがわ》を見晴らす崖の上に建っており、そもそも窓からの眺望《ちょうぼう》が優れている。そこへ、この素晴らしい夕焼けである。

昭夫さんは風景を堪能するために、窓ガラスを開けて、窓枠に肘をついた。

前方には緑の山肌が広がり、そちら側の麓にも険しく切り立った急斜面がある。崖に挟まれた谷底を流れる川面にも夕焼け空が映り、実に神秘的かつ雄大な眺めだ。

やがて彼は、向こう岸の崖の上に人影があることに気がついた。

逆光で黒く塗りつぶされ、ちょうどピクトグラムの人型のように見えた。崖の際に沿って歩いている。散歩しているのだろうと思っていたら、彼の正面でピタリと立ち止まった。

そしてなんと、宙に一歩、踏み出すではないか！

危ない！　と、思ったが、どういうわけか人影は墜落しなかった。

谷に透明な橋が架かっているかのように、宙を歩いてこちらに近づいてくる。

昭夫さんは呆気に取られて、虚空に浮かぶ人影を見つめた。

左右の脚を動かし、軽く腕を振って、ごく自然に歩いて、谷を越えようとしている。

とうとうそれは、川の真上まで来た。

まだ顔の造作や服装まではわからない。依然として黒い影だが、接近した分、体つきや仕草の特徴が見てとれるようになってきた。

どうやら子どもや女性ではなさそうだ。男だと思われた。老人でもないだろう。

……と、それが何の前触れもなく、垂直に落下した。

見えない橋に落とし穴があった。そう思いたくなるような唐突さで、川を目掛けて真っ直ぐに落ちていく。すぐに水しぶきが上がるものと予想された。

ところが、川面に突っ込む寸前に、その人影は消えてしまった。

それからというもの、昭夫さんは帰るとすぐに窓の外を確認せずにはいられなくなってしまった。

すると、ほぼ毎日、同じ時刻に、同じ現象が起きることが明らかになってきた。

黒い人影が透明な橋を渡りかけて川の真上で止まり、そこから垂直に落下しはじめるが、着水する前に消えてしまう。この繰り返しである。

だんだん見慣れてくると、気持ちの余裕が出てきて、かつてはここに橋が架かっていたのではないかと考えるようになった。

昔、その橋から身を投げて死んだ自殺者の幽霊が、死の瞬間を再現しているのだろう。

――たぶん、この時刻に飛び降りたんやな。かわいそうに。

昭夫さんは、胸の中で手を合わせた。

その後も落ちる人影を見る都度《つど》、冥福《めいふく》を祈っていたところ、半年ぐらいして、突然、人影が川の上を通り越した。

――あれ？　いつもとちゃうぞ！

驚いて窓から身を乗り出して注目していると、橋を渡り切る直前に垂直落下が始まった。

雑草が密集している辺りに落ちたとみえ、崖の下でガサガサッと草の葉が騒ぐ音がした。

程なく、落ちたと思しきところに黒い人影がニョッキリと立ちあがった。

そして、こちらに向かって歩きはじめた。しかも明らかに彼の方を見あげている！

斜面をよじ登ってここまで来そうな気がした。

そこで彼は慌てて窓を閉め、それでもまだ怖かったので、部屋から逃げ出したのだった。

翌日、いつもの時刻に恐るおそる窓を開けて人影の出現を待ち構えたのだが、それきり
二度と現れることはなかった。

# 榎峠の話

鳥取県出身の三津雄《みつお》さんは、あるとき久しぶりに高校の同窓会に出席した。すでに三十《みそ》路《じ》で、いまさら高校時代の仲間に会っても話が合わないかもしれないし、例年は時季も悪かったから、もう何年も顔を出していなかったのだが、今年はお盆に行うという。

そこで、帰郷ついでに参加することにしたのだった。

行ってみると、意外に面白かった。

ことにバドミントン部の仲間とは大いに盛りあがり、話題が尽きなかった。ひとしきり近況を報告しあった後は、酒を汲み交わしながら楽しく雑談した。

そのうち、とある後輩部員が彼に話しかけてきた。

「先輩は、榎峠《えのきとうげ》って知っちょおか？」

「おう、知っちょおよ。福部村《ふくべそん》と百谷《ももだに》の間のバイパス道路だら？」

「夜中に通ったことは？」

この時点で三津雄さんには後輩がどんな話をしたがっているか読めてしまったが、内心ニヤニヤしながら澄まし顔で「なえども、なして?」と訊いてやった。

するとと後輩は嬉しそうに飛びついて、「夜になるとね……出えんだよぉ」と言った。

「夜遅うに榎峠のトンネルを車で通っと、アベックの幽霊が現れて、どうかおらたちを乗しぇて麓に連れてってとお願いされんだげな……」

三津雄さんは吹き出しそうになり、しらばっくれるのをやめた。

「悪《われ》えわれえ! その噂、実はよう知っちょんだ。だども幽霊が出えのは旧道の方だがね」

榎峠旧道沿いの福部村側に、一軒の古いラブホテルが建っている。リフォームされて綺麗に保たれているが、実は何十年も前からあり、近隣では有名で利用者も多い。

ところが、この近くで昔はよく交通事故が起きた。鳥取市から旧道を通ってくると、途中に物凄いヘアピンカーブがあり、カーブを抜けたところに件のラブホテルがあったのだ。

そこで「あのヘアピンカーブを曲がり切れずに事故死したアベックの幽霊が出る」という、まことしやかな噂が広まったわけである。

「そうだけん、旧道なら理に適っちょうども、新しぇバイパスの方には出えわけがねえ」

しかし、後輩は頑として、「いいや! 友だちが遭遇したって言いちょおんだけん、間違いねえ！」と言い張った。

三津雄さんは呆れてしまったが、そこへ先輩が「おらもその話は知っちょおが……」と割り込んできた。

「別に何の矛盾もねえ思およ？　その男女の幽霊は家に帰りたがっちょおんだら？　でも、廃止された旧道に出ても、その思いは叶えられんがね。そうだけん、仕方のうバイパスの方に出向くようになったんだがね」

これを聞いて三津雄さんは矛《ほこ》を収め、後輩も満足げな顔になった。


榎峠の旧道は、鳥取ではよく知られた心霊スポットのようだ。

しかしヘアピンカーブではなく、鳥取市側にあるトンネルに幽霊が出没するという噂の方がメジャーである。

インターネットで少しリサーチしただけで、こんな言い伝えを見つけた。

《深夜になって旧榎トンネルを赤い車で通り抜けようとすると、真っ赤なワンピースを着た女の幽霊に遭遇してしまう》

現在、このトンネルは封鎖されており、フェンス越しに中を覗くことしか出来ない。

だから鳥取市から福部村へ旧道を抜けていくことも不可能になった次第であるが、福部村から件のラブホテルまでの道は残されている。……なかなか繁盛しているようだ。行き止まりの廃道になろうが幽霊が出ようが、することはするのだから、人間は逞《たくま》しい。

# 釣れだ

新潟県糸魚川市《いといがわし》大字青海《おうみ》にある勝山城《かつやまじょう》跡は、古くは落水城《おちりみずじょう》と呼ばれた山城だった。

険しい山の頂にあるのが特徴で、海側の眼下には日本海が広がっている。

内陸側からは北陸道を見下ろすことが出来、戦国時代の山城としては絶好のロケーションだったと推察されよう。

落水の名の由来は海側の崖にある滝で、これは落水滝と呼ばれている。

高さ五メートルほどの小さな滝だが、海沿いの峻厳《しゅんげん》な岩肌から滔々《とうとう》と流れ落ちるようすは美しく、遥かな昔から存在することを思うと、たいへん神秘的に感じられる。

越後と越中の国境に位置し、かつては上杉景勝《うえすぎかげかつ》と羽柴《はしば》（後の豊臣《とよとみ》）秀吉《ひでよし》が、この城で折衝したこともあるという。直江兼続《なおえかねつぐ》、石田三成《いしだみつなり》もその場に集っていたというから、戦国武将がお好きな方なら訪ねてみるといいかもしれない。

しかしながら――これは正直に明かしておいた方がいいだろう――現在、勝山城跡は広大な県立自然公園の一部になっているのだが、熊や猪が出没する山を五〇分も登らなければ辿りつけない山頂にあり、そしてその山頂にはトイレも水道も無い。しかも、祠と本丸跡の標示があるのみで、往時の痕跡は乏しい。

同じ県立自然公園内なら、別のエリアにある海水浴場やキャンプ場の方が人気が高い。城跡付近は、地元民の間では、もっぱら穴場の釣りスポットとして知られているようだ。

……少なくとも修也《しゅうや》さんは、インタビューのとき、城の「し」の字も言わなかった。

その代わりに、ここで如何《いか》にスズキが獲れるかについて熱弁を振るってくださった。

「ルアーで夜釣りすると年中いつでも獲れて、ボウズは一度もなかったなぁ。スズキが最高なのは五月下旬ですが、他にもイナダやメバルなんかも釣れるから、季節を問わず通ってました。近くにあるドライブイン勝山というところの駐車場に車を停めて、鉄の階段で断崖を下りていってたんですよ。三〇メートルも下りれば、海岸に着きます。テトラポッドや何かや砂浜があるわけですが、釣り人が来ないから、ほとんど入れ食い。本当に気に入ってたんですけどねぇ……」

釣り仲間でもある親友と二人で来ることが多かったという。他の人には、ここのことをあまり話さないようにして、日没後に二人きりでこっそり行っては、釣りを愉しんでいた。

ドライブイン勝山は何年も前に廃業したが、露天の駐車場が開放されているため、勝山城周辺を訪れる人々がよく車を停めていた。

さて、スズキが稚鮎《ちあゆ》を追って糸魚川河口付近に集まってくる五月下旬のことである。

二人とも家族と夕食を済ませて来たので、海辺に下りたときには午後九時を過ぎていた。月が明るい晩で、少し目が慣れてくると、懐中電灯で足もとを照らさなくても歩けるほどだった。浜には誰もおらず、穏やかな潮騒だけが辺りを支配していた。

砂を踏む自分たちの足音が耳障りで、この静寂を壊すのが申し訳ないような気がした。つまり、それほど静かな夜だった。

修也さんと友人は砂浜を少し歩き、河口の近くに腰を据えた。

二人は、お互い邪魔し合わないように、三〇メートルほど距離を開けて座り、準備が整うと、それぞれおもむろに釣りはじめた。

「おっ、来だ！」

「早《はえ》えな！　こっちは、まだ……あ？　来だ来だ！」

すぐに魚が掛かりだして、どちらも夢中になった。

集中すると人は無口になるものだ。しばらくは黙々と釣りを続けた。

小一時間もした頃だった。

どこからか、慌ただしい足音が聞こえてきた。誰かが砂を蹴立てて走ってくる。

足音がどんどん接近してきたので、修也さんはそちらを振り向いた。

ところがそこには誰もいなかった。その間にも、足音だけはバタバタと忙《せわ》しなく走りつづけて、とうとう彼の真後ろを駆け抜けていった。

足音が走っていった先には友人がいる。

修也さんは、友人も足音に気がつくだろうと思って、そちらを注視した。

だが彼は動じることなく釣りに入り込んだままで、見る間にまた一匹、大物を仕留めた。

──負けてはいられない。

修也さんは首を振って気分を切り替え、釣ることだけを考えようとした。

しかし数分後、さっきと同じ足音が、今度は友人がいる方からこっちに向かって駆けてきた。無視しようと頑張ったけれども、背中をかすめるようにして真後ろを駆け抜けていったので、とうとう我慢できなくなった。

友人のところへ飛んでいくと、「今、こっちに走ってきだ?」と訊ねた。

「おいが? おいならずっとこさいだよ（俺が? 俺ならずっとここにいたよ）」

「じゃ、じゃあ、足音は? 聞ごえだべ?」

砂浜を走る足音について説明すると、友人は苦笑いして、こう言った。
「気のせいだ。そんた変なものはなんもかも、気のせいだで思うに限る」
修也さんは「そうがぁ?」と引き下がり、とりあえず場所を変えてみた。
砂浜だから足音が気になるのだ。岩やテトラポッドの上ならば、大丈夫だろう。
そう考えたのである。
そこで、テトラポッドの上に陣取ると、あらためて海面に釣り糸を垂れた。
ところが、すぐにまた、明らかに人の気配と思しきものが背後から忍び寄ってきた。
——気のせいだで思うべ! 気のせい! 気のせいなんだ!
フッと左耳に吐息が掛かった。
反射的に左側を振り向いた。
……暗い浜の景色が広がっているばかりであった。
暖かい晩なのに、全身に鳥肌が立った。
抑えきれない恐怖が足もとから背筋を這いあがり、ブルブルと体を震わせた。
友人の方を見やると、釣り人の手本のような姿勢で平然としている。
そこで、彼は丹田《たんでん》に力を籠めて、怖さに耐えようと試みた。

しかし、その直後、

「釣れだ？」

耳もとで、しわがれた老婆の声が囁いた。

修也さんはテトラポッドから転がり落ちてしまった。


糸魚川市の海岸には、時折、水死体が漂着するようだ。

直近では令和二年の四月、ひと月の間に二体も亡骸《なきがら》が流れ着いている。

だから彼が遭《あ》ったのは砂浜に打ちあげられた人の幽霊だ……と決めつけるのは早計だが、何かがいたことは確かである。

と言うのも、その後、例の友人がこう述べたのだった。

「実はね、おいにも妙な音は聞ごえでだよ。んだども気にしねがったんだ！」

この出来事があってから、修也さんたちはここでは夜釣りをしていない。

# おかめ

勉《つとむ》さんは、五歳ぐらいの頃に、神さまのようなものを見た。

当時、母と二人で暮らしていた埼玉県大宮《おおみや》市のアパートで、彼は孤独の只中にあった。

留守番をさせられていたわけではない。

襖《ふすま》を隔てた隣の座敷で、父と母が言い争っていたのである。

父は和菓子屋の跡取り息子だった。父の和菓子屋を、勉さんはおぼろげに憶えている。

餡《あん》を煮るときの、また、酒饅頭《さかまんじゅう》が蒸しあがったときの、甘い匂いが好きだった。

父は、勉さんには優しかった。母に対してどうだったかは、わからない。後に母から、父は競馬や麻雀に溺れていて金遣いが荒かったと聞かされた。

「お父さんについていく？　お母さんについてくる？」

三つのとき、母にそう訊かれて、彼は「お母さんについていく」と答えた。

母はバスガイドで、収入があった。夫と別居すると、彼女は勉さんを保育園に預けて、いっそう精力的に働きだした。それでいて、家事の手も抜かなかった。毎日欠かさず料理を作り、家じゅう隅々まで掃除をした。彼に習い事をさせて、絵本も買い与えた。

母子の住まいは、大宮《おおみや》市内の古いアパート。二間ある部屋は、四畳と六畳の和室だった。

奥まった方にある六畳の部屋に、そのとき彼は閉じ込められていた。

「お父さんと話し合いをするから、出てきちゃ駄目よ」

父に遊んでほしかったが、頼んでも無駄だとわかっていた。

別居後、父は復縁を望んで頻繁にアパートを訪ねてきたが、その度に母と口汚く罵り合うばかりで、ちっとも構ってくれない。もう何度目になるかわからないが、今回も同じだ。

時刻は、幼稚園から帰ってきたばかりだったから、午後三時ぐらいだったと思われる。

ふと、部屋が橙《だいだい》色に明るんだ。西陽が差し込んだような感じだが、この部屋には窓が無い。

――あれ？　変だな。

そう思ったのと、誰かが自分の横に座っていることに気づいたのが、ほぼ同時だった。

見れば、和服を着た女の人だ。大柄で太っており、顔の大きさが母の倍ぐらいある。

その顔が、おかめだった。

勉さんはおかめを知っていた。パッケージにおかめの顔がプリントされた「都納豆」というパック入りの納豆は、朝食のおかずの常連だ。

それに、どこか他所《よそ》で、おかめのお面を見ていた。わりと最近のことだ。どこで見たのか思い出せないのだが……。

とにかく、あのおかめそのものの顔をした人が急に現れたわけだが、なぜか心が波立たなかった。驚きは一瞬で、勉さんはすぐにこの状況を受け容れた。

彼がおかめの方に向き直ると、おかめもまた向きを変え、正面から相対する格好になった。

おかめは巨体だが、その割に動作が軽やかであった。

まるで重さがないように、音もなく動いた。着物の色は、五歳のそのときは「薄い赤だな」と思うだけだったが、後にあれは鴇色《ときいろ》だったと知った。鴇色の地に、白い工霞《えがすみ》と細かな模様が一面に入った錦《にしき》の衣を纏《まと》い、長い黒髪を後ろで束ねていた。

その顔は、お面ではなく、自然とそういう顔立ちであることが、ひと目でわかった。

目尻の下がった細い眼をいっそう細めて、おかめは微笑みながら彼を見つめた。

不思議な感じがしたが、怖くはなかった。

おかめは言葉を発していないにも拘わらず、慰められている気がした。

いつの間にか畳の色が墨色に変わっていて、六畳だったはずの部屋が、保育園の園庭よりも広くなっていた。見上げれば、天井の照明器具が消えていた。

彼をこの部屋に閉じ込めるときに母が点けていった、蛍光灯が無い。

そもそも天井が違う。優しく明るむ白い空が、どこまでも広がっている。

両親が諍《いさか》う声がどんどん遠のいて、終いには聞こえなくなった。

おかめが来てくれるまで自分はとても寂しかったのだ、と、そのとき理解した。

そこで意識がプツンと途切れた。

最後に網膜に焼きついたのは、おかめの温かな笑顔だった。

夕方になって母に起こされ、しばらく眠っていたことがわかったのだが、夢だったとは思えなかった。勉さんは、この記憶を大切に胸に抱いたまま成長した。

しょっちゅう口喧嘩していた両親は、それから間もなく離婚して、母は勉さんを連れて再び引っ越した。三一歳になった今でも、母とは家が近く、頻繁に行き来しているという。

私は、納豆のパッケージ以外にどこでおかめを見たのか、どうにかして思い出せないか、彼に訊ねた。すると彼は、こう答えた。

「うっすらとしか憶えていないのですが、大宮市内の博物館みたいなところに保育園の先生方に引率されて行ったので、そこで見たのかもしれません」

「郷土資料館のような公共施設でしょうか？」

「はい。いろんな昔の道具を見学した記憶がありますから、たぶんそうです」

はたして、大宮公園内にある埼玉県立歴史と民俗の博物館（旧埼玉県立博物館）におかめ（阿亀）の神楽面《かぐらめん》があった。

埼玉県は、全国でも稀なほど、神楽が盛んな地域である。

神楽は、祭りの際に行われる伝統芸能だ。天《あま》の岩戸《いわと》から天照大神《あまてらすおおみかみ》を誘い出すために天鈿女命《あまのうずめのみこと》が舞ったのが起源と言われており、遥か昔から神に奉納する舞が伝承されてきた。

そして、この天鈿女命が、おかめの原点だと伝えられているのだ。

おかめは、おたふく、おふく等々と呼ばれることもある。狂言で醜い女などを舞う際に用いられる乙御前《おとごぜ》も、同様のしもぶくれ顔をしている。

おかめという呼び方は、江戸時代以降に全国の里で盛んに行われるようになった神楽を通じて広まった。

だから、勉さんが出逢ったのは、おかめで正しい。

埼玉県は民俗芸能の伝承に熱心で、中でも県を代表するものとして、神楽の保存に力を入れている。

関東神楽の源流と言われる鷲宮催馬楽神楽《わしのみやさいばらかぐら》をはじめとする国の重要無形民俗文化財に指定された三件と、県指定無形民俗文化財の三件の他にも約五〇ヶ所で神楽が行われ、神楽関連の書籍の編纂《へんさん》や発行にも取り組んでいる。

児童に向けた神楽教室や観賞指導も、昭和の頃から県内各所で行われてきたので、もしかすると勉さんは幼い頃に神楽を見たこともあったのかもしれない。

彼のもとに現れたのは、天鈿女命だったのではないか。

古代から時空を超えて、寂しい子どもに慈しみを届けに舞い降りたのだろう。

# 赤い女

昭和の高度経済成長に伴う郊外の土地開発には目覚ましいものがあった。次第に通勤通学圏が広がり、一九六〇年代から七〇年代にかけて、都市部で都心から郊外に住宅地が移動する、いわゆるドーナツ化現象が起きたのである。

理美《さとみ》さんの父と祖父が費用を折半して千葉県に家を建てたのも、七〇年代のことだった。将来父が結婚して家族を持ったときに備えて、二世帯向けの家を準備したのだ。その頃は、理美さんにとっては叔父にあたる父の弟も同居していた。

やがて父と叔父は立て続けに結婚し、叔父は家を離れた。そのうち理美さんと弟の仁司《ひとし》さんが生まれて、千葉の家に住むのは理美さん家族と祖父母の六人になった。

家は二階建ての5DKで、合理性を追求したモダンな一戸建てだった。

庭とカーポートがあり、治安や買い物の便が良い住みやすい町に建っている、過不足の無い家だ。関東圏の新興住宅街が何処もそうであったように、ここも東京のベッドタウンとして新生した町で、周囲にも似たような家屋が立ち並んでいた。

理美さんのうちは、祖父と父が企業の会社員、祖母と母は専業主婦という、典型的な昭和の二世帯家族で、何不自由ない暮らしが長く続いた。

母だけが、時折不満を漏らしていた。よくある嫁姑問題などではない。

母は「この家は、なんだか怖い」と、ときどき家族にこぼしていたのである。

「いないはずの人の気配がするときがあるのよ？　私なんだか気味が悪くて……」

理美さんが物心ついた頃には、もうそんなことを言っていた。どうやら結婚直後からずっとこの家を怖がっていたようだ。しかし、そんな母に父や祖父母は取り合わなかった。

父はガチガチの合理主義者で、オカルト的なものは端から馬鹿にする方だ。祖父母も父と似たような性格だった。理美さんも父たちに倣《なら》うようになっていった。

弟の仁司さんは母の訴えに耳を傾けて、ときどき何か霊的なことについて会話しているようすだったが、理美さんはオカルト的なことには関心が薄かった。

どちらかといえば大雑把な彼女とは対照的に、仁司さんは繊細な少年だった。

たとえば、理美さんの高校時代には、こんなことがあった。

学校から帰宅して当時中学三年生だった弟の部屋の前を通りかかったら、ドアが開いていて、変なものが壁やら窓辺やらにやたらと下がっているのがたまたま目に入った。そこで「何それ？」と訊ねたところ、「悪夢を捕まえるお呪《まじな》いだよ」と真顔で返されたのだ。

「ドリームキャッチャーっていうネイティブ・アメリカンのお守りなんだ」

「ふうん。それで、どうしてそんなものを飾ることにしたの？」

「どうしてって……。それは、何度も怖い夢を見たからさ」

——悪夢ごときに怯えちゃってバカじゃないの？　小さい子じゃあるまいし！

理美さんは呆れて興味を失い、「へえ。そうなんだ」と適当に流して立ち去った。

後年、この出来事を何度も思い返すことになるなんて、予想だにしていなかった。


それから長い時が過ぎ、理美さんは三〇歳、仁司さんが二七歳になった二〇一一年のこと。

この年、二人は、三月一一日以降、頻繁《ひんぱん》に実家を訪れていた。

東日本大震災の際には、千葉も相当に揺れた。

余震の頻度も高く、テレビなどで東北の津波被害を見たせいもあり、家族を想い合う気持ちが、にわかに強まったのかもしれない。

今会っておかないと、もう会えなくなるかも。心の片隅に、そんな危機感が絶えずあった。

五月二九日、日曜日の夜だった。関東では二七日に梅雨入り宣言がされており、千葉は雨模様の週末になった。前日からの驟雨が、夜になっても衰えることなく降りつづいていた。

祖父は彼女が二〇歳のときに老衰で亡くなっていたが、祖母は健在で、孫たちの顔を見ることをいつも愉しみにしていた。

理美さんは六年ほど前に結婚しており、このときは、四歳になった長男の涼真《りょうま》くんを連れて前日から遊びに来ていた。祖母は初曾孫《はつひまご》の涼真くんをことのほか可愛がっており、涼真くんの方でもたいへん懐《なつ》いていた。

仁司さんはまだ独身で、都内でひとり暮らしをしていたが、近頃は週に一度は実家に顔を見せに来ているようだった。

午後八時を過ぎると、涼真くんがあくびをしはじめた。

それを見て祖母が「涼ちゃん、今日はバアバと寝ようか?」と言った。

涼真くんは、跳びあがって喜んだ。「わあい! バアバと寝る! バアバと寝る!」

「お願いしちゃっていいの?」と理美さんは祖母に訊ねた。

「もちろんだよ。もう、おねしょもしないんでしょう?」

「僕、おねしょなんかしないよ！」

涼真くんは、もうすっかりその気だ。

「じゃあ、お願いします。涼真、良い子でバアバとねんねするのよ？　わかった？」

涼真くんと祖母が二階の祖母の寝室に行くと、母が酒盛りの支度を始めた。

「今夜はお父さん、出張で帰らないから、鬼の居ぬ間のなんとやら……」

そう言った母だが、酒に強いわけではなく、飲みはじめて一時間もしないうちに船を漕ぎだしたので、理美さんが寝室へ連れていった。

「お母さんの寝室、どっちだっけ？」

以前、弟が使っていた二階の六畳間を母の部屋にしていたことは知っていた。

しかし、最近そこを祖母に譲ったという話を聞いたような気がしていた。

さらに、昔から両親が夫婦の寝室にしていた部屋も別にあるので、混乱したのである。

「二階の、あんたの部屋」

「え？　ああ、私が使ってた部屋か。なるほどね」

では、母は隣の部屋へ移ったことになる。……なぜ、わざわざ？

弟の部屋と自分の部屋は同じ広さなのに、と理美さんは疑問に思った。

理美さんたちが頻繁に訪ねてくるようになってから、一階にある祖父母の部屋を客間に変えたのは理解できる。

ひとりで使うには広すぎる部屋だったし、祖母はまだ足腰が達者で階段の上り下りに不自由はないから、代わりの寝室を二階に作るのはわかる。

しかし母が、それまでいた元弟の部屋から移動する理由はないはずだ。

——だって、空いていた私の部屋にお祖母ちゃんを来させれば済むじゃない？

変だと思ったが、理美さんは細かいことは気にしない性質だ。すぐに忘れて、それからも二時間ばかり、弟と酒を飲んだ。

そろそろお開きにして、寝る支度に取り掛かろうかという、午後一一頃、突然、二階が騒がしくなった。

子どもが泣き喚く声に混ざり、祖母が懸命になだめる声や、乱れた足音などがしたから、

「涼真？　お祖母《ばあ》ちゃん？　どうしたの？」

理美さんは階段の下から呼びかけた。

「涼ちゃんが急に泣き叫んで起きて、怖い怖いと怯えるばかりで、寝てくれないんだよ」

涼真は祖母に手足を絡みつかせて全身でしがみついており、祖母は階段を下りることも

ままならず、踊り場で立ち往生していた。

理美さんは、祖母から息子を引き離すと、まずはギュッと抱いて落ち着かせた。

小さな息子の体は全身汗で濡れそぼっていた。

おしっこを漏らしたようで、かすかに臭う。

「どうしちゃったの？　もう年中さんで、大きいオニイサンになったのに……」

「あのねッ、あの……女のオバケが僕のとこに来たの！　こ、怖かった！」

涙と鼻水でぐちゃぐちゃになった顔を見ると、幼いなりに真剣な眼差しをしっかりと向けてきた。

「凄く凄く怖い、本物のオバケだったんだよ！」

「オバケが出たの？」

「うん！」

悪い夢を見たのに違いないと思いながら、彼女は訊ねた。

「どんなオバケだったか、ママに教えて？」

息子は意を決するように唾を飲み下して、「赤い女」と答えた。

「真っ赤な女の人が笑いながら、僕の方に飛んできたの」

するとそのとき、「あいつだ！」と階段の下で仁司さんが叫んだ。

ようすを見にきて、今の会話を聞いていたのだ。

「え？　あいつって何？　知ってるの？」

仁司さんはうなずいた。

「あれを見たら、そりゃあ誰だって怖くて眠れなくなるよ。無理もない」

弟には後でゆっくり話を聞かせてもらうことにして、とりあえず、涼真くんの体を洗って新しいパジャマに着替えさせた。祖母のベッドのシーツも交換した。

「お祖母ちゃん、今夜は涼真と一緒に客間で寝るわ」

祖母は残念そうにしていたが、また涼真が悪夢に怯えて飛び起きるかもしれないので仕方なかった。

その夜は、涼真くんを寝かしつけているうちに、服を着たまま眠り込んでしまった。

明け方、水音で目が覚めて台所へ行くと、仁司さんが昨晩の酒盛《さかも》りの後片づけをしていた。

「ごめんね。やらせちゃって」

「いいよ。昨夜《ゆうべ》はソファで横になったんだけど、昔のことを思い出しちゃって眠れなくてさ。だから、いっそのこと起きちゃえって……で、起きたら、グラスや食べ残しがそのままになってたから」

横に並んで手伝いながら、「オバケの話の続きだけど……」と彼女は水を向けた。

「ああ……。昔、僕がドリームキャッチャーを部屋じゅうに掛けてたのを憶えてる?」

理美さんは記憶を蘇らせた。

「ああ、あったわね! 悪夢を捕まえるお呪いでしょ? たしか、怖い夢を見るからって言ってなかった?」

「うん。前から、真っ赤な女が現れるようになって困ってたんだ……たぶん夢の中に」

「たぶん?」

彼によると、それは小五か小六の頃に始まって、中学三年のときにドリームキャッチャーを飾ったところ、ようやく収まった。

夢とは思えないほどのリアリティを伴っていたので、今でも現実の出来事だったのかもしれないと疑っているのだという。

――夜中になると、全身を朱《あけ》に染めた着物姿の若い女が、決まって天井のある一角からヌーッと抜け出して、蜘蛛のように隅に張り付くと、こっちを見て笑いはじめる――

「長い髪を振り乱して、体を揺すって、大きな口を開けて笑うんだ。その笑顔の恐ろしいのなんの！　今にも襲いかかって噛みついてきそうな表情なんだ！」

それにまた、赤いのは衣の色だけではない。女の髪も肌も、すべて赤かった。頭の天辺から爪先まで真紅の染料で塗りつぶしたかのようだったというのだ。

しかも、あれだけ笑っているのに、声が聞こえてこない。

「な？　怖いだろう？　そんな化け物が、天井の角に張り付いてひとしきり笑うと、しばらくして宙をゆっくり飛んでくるんだよ。サッと一瞬で襲い掛かられる方が、まだマシだ。じりじり迫ってくるのさ！」

――次にそいつは上から覆いかぶさり、口を開けて笑いながら、彼の顔を覗き込んできた。

「そう、まだ笑ってるんだ！　奥歯まで見えそうだった」

女は不気味な笑顔のまま極限まで顔を近づけてきたかと思うと、沈み込みながら消えた。

「僕に接触する直前に消えたのか、僕の体を通り抜けて床下へ消えたのかわからないけど、どっちにしても凄い恐怖で、いつもそこで飛び起きちゃうんだ。きっと悪夢を見たんだろうと思ってたんだけど、あまりにも生々しくて、しかも毎回同じだったから……」

本当にオバケが出ているのではないかとも考えた。

「だって、お母さんが言ってたじゃないか？　この家には何かいるって。涼ちゃんも僕と同じものを見たみたいだし、やっぱり本当にオバケが棲《す》みついてるのかもしれないよ？」

理美さんはゾッとしながら正常化バイアスを働かせて、「まさか！」と笑い飛ばした。

「私やお父さんは何にも感じたことがないんだよ？　お祖父《じい》ちゃんやお祖母ちゃんだって、そんなことを言ったためしがないし。そりゃあ、涼真と仁司が同じような夢を見たのは不思議だけど、偶然だよ！」

「……姉貴には霊感が無いんだね。僕はお母さんに似たんだな」

間もなく母が起きてきて、「昨日は何か騒がしかったみたいだけど」と言ったので、二人でもう一度、赤い女の話をすることになった。

二人の説明を聞きながら、母は次第にしかめ面になっていった。

「やっぱりね。あの角部屋は、昼間は問題ないけど、夜になると嫌な感じがしたのよ」

だから祖母の寝室を移すついでに、隣の部屋に移ったのだという。

「お祖母ちゃんは感じない人だから、平気だろうと思って……」

「なるほど！　なんで私がいた部屋に替えたのか不思議だったけど、そういうことか！」

「うん。それで、ずっと夜はお父さんと一緒の部屋で寝てたんだけど、自分専用のベッドルームも欲しかったから……」

母によれば、理美さんが生まれる前まで、問題の部屋は父が使っていたのだという。

「でも、お父さんは結婚前に何年か地方の支社に勤務していた時期があって、その間はずっと、お祖父ちゃんの骨董品置き場《こっとうひんお》になっていたんだって。ほら、昔は家じゅうにお祖父ちゃんが方々から集めてきた骨董品があったじゃない？」

「今もあるでしょ？」

生家《せいか》が裕福で、地方銀行の頭取だった曾祖父の遺産を継いだ祖父は、骨董品のコレクターだった。そのため、祖父の生前から、古い壺や絵皿などが家の各所に飾られていた。

「昔はもっとたくさんあったの」と母は述べた。

「これでもずいぶん減らしたのよ。あの二階の角部屋に詰め込んでいたものは、お父さんが私と結婚したときに処分したと聞いてるわ。その後も少しずつ売ったり譲ったりしてたから、今うちに残ってるのは、買い手がつかない物ばかりでしょう」

その翌年の夏、盆の法事で親族一同が集まり、菩提寺《ぼだいじ》で法要と墓参りを済ませた後、理美さんの実家で会食をした。

涼真くんをいとこやはとこと遊ばせておいて、理美さんは親戚の女性たちと台所で水仕事に励んだ。せっせと働いていると、横にいた従妹《いとこ》が「今日は泊まっていくの？」と話しかけてきた。彼女は、父の弟、つまり叔父の娘で、涼真くんと歳が近い子どもたちを育てている。

「そうね。そのつもり。……あっ、でも、他にも泊まる人がいたら帰ろうかな？　うちは近いし、遠くから来てる人に客間を譲ってあげた方がいいからね」

「そっか。涼ちゃんが泊まるんだったら、うちは子どもたちだけ泊まらせて、明日迎えに来ようと思ってたんだけど。理美ちゃんも、お祖母ちゃんに涼ちゃんを預けて帰れば？」

「そうね」と理美さんは思案しかけて、去年の一件を思い出した。

そこで、従妹に赤い女のことを打ち明けた。

するると従妹が「お祖父ちゃんが方々にお金を貸していたのは知ってる？」と訊ねた。

初耳だったので首を横に振ると、従妹は続けて、こう言った。

「この家の骨董には借金のカタとして、お金を貸すときに取り上げた物が多いんだって、うちのお父さんが言ってたよ。お父さんは、ああいう物は恨みが籠《こも》っていそうで、家に置いておくのは良くないと思ってるみたい」

「叔父さんが？」

そこへ、弟の仁司さんが空いた皿を下げにきた。

「ねえ、仁司は知ってる？　うちの骨董品って、借金のカタが多いんだって」

意外なことに、仁司さんは知っていた。

「でも、その話を聞いたのは、わりと最近のことだよ。……去年、涼ちゃんがああいうことになった後、ずっと気になっていたから、先月ここへ来たついでに、あの部屋の天井裏を調べてみたんだ。すると、赤い女が現れる角の辺りで日本刀を見つけた」

一振《ひとふ》りの脇差《わきざし》だったという。

錆《さび》だらけにはなっていたものの、凝った透かし彫りが施された鍔が付き、元は見事なものだったことが想像できた。

「値打ち物だと思ったから、急いでお父さんとお母さんに見せた。そうしたら、お父さんが、この刀は、お祖父ちゃんが借金のカタに取ってきたものに違いないって言ったんだ」

祖父が金を貸した相手には先祖から伝わる家宝を泣く泣く手放した人も多かったと父から聞いて、仁司さんは、怨念が籠っていそうだから手放した方がいいと提案した。

「だけど、お父さんは、こういうものがあるのが世間に知れると面倒くさいことになるから、見なかったことにして、そのまま隠しておけって……」

だから、今も天袋《てんぶくろ》の同じ場所に、その刀が眠っているとのことだった。

日本刀を所持するには、銃砲刀剣類登録証が必要になる。これを持っていないと銃砲刀剣類所持等取締法により処罰されてしまうのだ。登録証を発行するのは各自治体の教育委員会だが、祖父は教育委員会に届け出ていなかった――たしかに厄介なことになりそうだ。

祖父は陶磁器を中心に蒐集していたので、刀については無知だったと推測される。

この刀には登録証が付いていなかった。祖父は貰ってきた後で、はからずも違法所持者になってしまったことに気づいたのだろう。新たな所有者として届け出ることが可能だとしても、入手した経緯を地区の教育委員会に説明しなければならないが、借金のカタに奪い取ってきたというのは外聞が悪い。

そこで、天袋に隠したのに違いない。

仁司さんは、「赤い女は、あの脇差に関係があるんだろう」と言った。

なぜなら、毎回必ず、刀が隠されていた位置から現れたから――

「なんだおまえたち、台所で立ち話か？」

父の声がして、振り向くとキョトンとした顔で立っていた。

「ビールを取りに来たんだよ。……三人とも難しい顔をして。どうした？」

理美さんが説明すると、「ああ、あのことか」とうなずいた。

「たぶん、うちの家系の男たちは、赤い女の悪夢を見ることになってるんだ。私も見たことがある。この家でだけじゃなく、若い頃に社宅でも見たなぁ」

父がこんなことを述べるのは、まったく予想外であった。

思わず理美さんは「お父さん！」と大声を出してしまった。

「急にどうしちゃったのよ！　オカルトっぽいことは信じないんじゃなかったの？」

仁司さんは仁司さんで「あの部屋にいるときだけ見るのかと思ってた！」と青ざめた。

従妹は「赤い女の夢のこと、父にも訊いてみます」と言った。

「実際に夢を見てしまったんだから、否定しても仕方がないよ」と父は理美さんに応えて、照れ笑いを浮かべた。

「だけど、人に話したのは今が初めてだ。あの手のことを信じていると思われて馬鹿にされるのは我慢がならなかったし、自分でも、無かったことにしたかったんだ。でも涼ちゃんまで見ちゃったとなると、黙ってたのは誤りだったかな？　……そろそろ、あの刀だけじゃなく、親父の骨董はみんな処分した方がいいのかもしれないね」

――しかし父が自分の手で祖父のコレクションに始末をつけることは叶わなかった。

この後、持病の糖尿病が悪化して、急速に衰弱してしまったのだ。数年間、闘病生活を続けたが、とうとう四年前に脳出血で亡くなった。

父が逝くと、今度は祖母が重度の認知症《にんちしょう》に陥った。初めのうちは母と理美さんで介護を試みたものの、共倒れが危惧《きぐ》されるようになり、介護施設に入居させるしかなくなった。

かつて大勢で賑《にぎ》やかに暮らしていた千葉の家だが、明らかに終焉《しゅうえん》に向かっていた。

とどめを刺すように、二〇一九年一〇月二五日、台風がこの家を襲った。

千葉県に甚大《じんだい》な被害をもたらした令和元年房総半島台風だった。

そのとき屋根が破壊されたのをきっかけに、家を解体して土地を手放した。

祖父のコレクションは工事費に充てることにして、家にあったすべての古美術品を解体業者にゆだねた。

その中に、例の日本刀もあったはずである。

しかし、天井裏から取り出すことなく家を明け渡してしまったので、理美さんによれば、解体業者があの刀を見つけたかどうかはわからないとのことだ。

私は理美さんから、そのときの解体業者が古美術品を卸した店を教えてもらった。

問題の刀の因縁《いんねん》に迫ろうと思ったのだ。赤い女に繋がるかもしれないではないか？

しかしながら、件の脇差が店に卸された形跡はなかった。

もしかするとオークション・サイトに出品されている可能性もあると考えて、そちらも調べたのだが、そんな事実も無かった。

どうやら、解体工事の際に、瓦礫《がれき》と共に処分されてしまった可能性が濃厚だ。

理美さんたち家族は、刀の銘《めい》などの記録を付けたり、写真を撮ったりもしていなかった。

残念きわまりなかったが、私は追究をあきらめた。

女の着物は緋色《ひいろ》の長襦袢かもしれず、派手な長襦袢を部屋着にすることが多かった近世の遊女だったのではないか。遊女が脇差で斬殺されたのではないか……等々、想像を膨らませていたのだが、すべて妄想に終わってしまった。

――と、このような経過報告を理美さんにしたところ、続報を頂戴した。

「最近、また涼真が赤い女の夢を見たんですよ！」

あの部屋で寝ていると、昔と寸分違わないところから赤い女が現れ、昔とまったく同じように迫ってきた——という悪夢を、現在、中学三年生の涼真さんが見たというのだ。

涼真さんは、一七年前に理美さんが夫と購入したマンションにずっと住んでいる。

千葉の実家があった場所は更地になっており、それも人手に渡って久しい。

理美さんは「もう大丈夫だと思って安心していたのに」と悔しそうだった。

それを聞いて、私は、理美さんの亡父が社宅にいたときもあの夢を見たと仰っていたことを思い出した。

「うちの家系は男が生まれやすいみたいで、弟や従妹の子どもたちも、全員男の子なんです。あの子たちも、もしかすると赤い女の悪夢を見ているのかもしれません」

# 贈られた刀

大阪府和泉市《いずみし》春木町《はるきちょう》の春日《かすが》神社は、伝説を幾つも有している。

まず一つは、元はここに物部氏《もののべし》が創建《そうけん》した神社があったという言い伝え。

物部氏は、天皇家より前にヤマトを治めていたというニギハヤヒを祖とすると言われ、古代の大豪族であったにもかかわらず、なぜか歴史から抹消された。その理由については諸説あり、真実を追究する者が今も絶えない。

春日神社の由緒《ゆいしょ》には、この地の藤原氏《ふじわらし》が、物部氏が建立した謎多き神社を退けて、あらためて春日明神《かすがみょうじん》を祀ったことが記されているのだ。

二つ目は、かつて境内にあった崇福寺《すうふくじ》という神宮寺《じんぐうじ》にまつわる奇跡。

崇福寺は鎌倉時代の文永《ぶんえい》二年に建立された。しかし、安土桃山《あづちももやま》時代の天正《てんしょう》年間の兵火《へいか》で、伽藍《がらん》がことごとく焼失してしまった。このとき、寺の仁王像は天野山金剛寺《あまのさんこんごうじ》（大阪府河内長野市天野町《かわちながのしあまのちょう》）へ、梵鐘《ぼんしょう》は北辰妙見神社《ほくしんみょうけんじんじゃ》（和歌山県伊都郡《いとぐん》かつらぎ町滝《ちょうたき》）へ、それぞれ天翔《あまか》けて飛んでいったという言い伝えがあった。

そこで、この伝承《でんしょう》を検証すべく、一九一三年に春日神社自ら調査をしたところ、なんと実際に和歌山の北辰妙見神社でそれらしき梵鐘を発見したというのだ。

三つ目は、弘法大師《こうぼうだいし》の呪《のろ》い。平安時代に弘法大師が崇福寺を訪れた折に、この辺りで村人たちに水を所望した。ところが村人は弘法大師を拒んで、水を与えなかった。以来、この地では水が湧かなくなってしまったのだとか……。

さらに、不老と延命のご利益がある神木も存在する。境内に長生する樹齢約二五〇年の槙《まき》と樹齢約三〇〇年の椿《つばき》がそれだ。いずれも、織田信長による兵火で焼かれた。しかしその翌春、新芽を吹いて不死鳥のごとく蘇ったのである。

そのことから、この界隈では、春には春日神社の椿の花で作った首飾りを女の子に贈り、秋にはここの槙の実を男の子に食べさせることで、子どもたちの無病息災を祈ってきた。

――さて、まず間違いなく幼少期に春日神社の槙の実を食べさせられたと思しき男性から、不可思議な体験談を伺ったので、彼の話をこれから綴りたい。

現在四一歳の宏雪《ひろゆき》さんは、春木町のご出身だ。代々この土地で生を営んできた家に生まれ育ち、住まいの目と鼻の先に春日神社があった。

そこで、おのずと物心つく前から境内で遊び、少し大きくなると、目を閉じていても家から鳥居のところまで行けるほどになった。

そんな彼が小学四年生の冬休み中のことである。

母が会社の同僚たちから旅行に誘われていた。二台の車に分乗して福井県に行き、海釣りを楽しもうという主旨で、「ぜひお子さんを連れて参加しなさい」と言われたとのこと。宏雪さん親子は海釣りの経験がなかったが、夜は温泉旅館に一泊して、晩餐は海鮮料理のご馳走だというので、行く気になった。

一月上旬で、厳寒期の日本海は黒く凍てついていたが、メバルが面白いように釣れた。旅のメンバーは宏雪さんを入れて五人。母以外の女性は一人だけで、残りの男性二人の趣味が釣りだったのである。

釣ってきた魚を旅館で料理してもらい、それ以外にも蟹《かに》や海老《えび》が贅沢に供されて、豪華な夕食になった。母の同僚男性らと大浴場に行って、大人のように扱われ、一〇歳の宏雪さんはすっかり舞いあがってしまった。

再び彼らの車に乗せてもらって春木町の家に帰ったのは翌日の夕方で、帰宅するとすぐに母は夕食のおかずを買いに出掛けた。

当時はわけあって父は不在の折であり、兄弟姉妹もいなかった。

ひとりで留守番していたところ、しばらくして居間の電話が鳴った。

受話器を取って「はい」と出ると、通話した相手が即座に「宏雪くんだね」と応じた。

男性の声である。それで、てっきり昨日からの旅の仲間だと思い込んだ。

――メバル釣りが上手な二人のおじさんのうちのどちらかに違いない。

「はい、僕です。母は買い物に行ってて、うちにおらへんのけど……」

「ええんだ、ええんだ。宏雪くんにプレゼントしそびれてもたから、渡したいと思うてね。今からチャチャッと春日神社まで来られへんかな？　おうちのすぐ近所やろう？」

すでに辺りは宵闇に沈んでいたし、母は間もなく帰宅するだろうが、春日神社に行って帰ってくるだけなら問題ないと考えた。

――プレゼントって何やろか？　おっきなものやったら抱えて歩くのはしんどいかな。

ちょっと考えて、自転車に乗っていくことにした。

たちまち神社に到着した。出入り口で待っているのではないかという予想を裏切られ、鳥居のところに自転車を停めて境内に入っていくと、本殿の前に、長い風呂敷包みを抱えた人が佇んでいた。

見知らぬ男だった。

「宏雪くんだね」

その男は、驚いて立ち竦《すく》んだ彼に親しげに呼びかけると、逃げ腰になったところへ、ずんずん近づいてきて風呂敷包みを差し出した。

「これ、日本刀やねん！　君にあげるで！　模造刀やけど柄《つか》と鍔《つば》はほんまもんや。男の子やから、こないなもんが好きなんやないかと思うてね」

――日本刀？

俄然、興味を惹かれてしまった。その隙を逃さず男が包みを開いてみせたものだから、最前の恐怖が雲散霧消《うんさんむしょう》して、宏雪さんは男の方へ駆け寄った。

そして現れた黒漆塗《くろうるしぬ》りの艶やかな鞘《さや》と端正な柄巻《つかまき》の美しさに圧倒されて息を呑んだ。

男は鞘を少しずらして、ギラリ、と刃紋《はもん》を見せてくれた。

「斬れへんから安全やで。やけど重たいねん。持てるかな？」

そうっと手渡してもらうと、たしかにずしりと重みがある。しかし、本物だから重いんだ、と、むしろ興奮がいや増した。

「そのまま持っていってええで。はよお帰り」

「おっちゃん、ありがとう！」

刀を抱えて、男と並んで鳥居の外まで歩いた。するとすぐ近くに、来たときには気がつかなかった黒い車が駐車されていて、男はそちらへ爪先を向けた。

「ほな、さいなら。気いつけてや」と言いながら、その車に乗り込む。

宏雪さんは前カゴに乗せた刀を落とさぬように、そろそろと自転車を漕いで家に帰った。先に母が帰宅しており、玄関に出てくるなり、刀を見咎めた。

「ちょっと宏雪、あんた何を持っとるん？」

そこで宏雪さんは経緯を説明したが、母は「知らないおっちゃんのわけがあれへん」と言って、旅行の仲間、つまり会社の同僚に違いないと主張した。

「やけど、ほんまに全然見たこともない男の人だってん。嘘やないねん！」

「薄暗かったから、そう見えてん。だって名前を知ってたんやろ？　明日会社へ行ったらよーく御礼せな。その前に、まずは電話で事情を聞かんと……」

しかし、旅に同行した同僚たちに母が電話したところ、二人とも心当たりがないと応えた。

「気味悪う！　いったい誰がどういうつもりで……。宏雪も宏雪や。知らん人から物をもろたらいけへんし！」

「わかったよ。せやけど、これは僕の物にしてもええやろ?」

母は渋々承知した。宏雪さんは、刀を自分の部屋の押し入れにしまった。下の段が空いていたので、奥の角に立てかけた。

今夜は襖を開けて、刀を眺めながら寝ようと思っていた。

やがて床に就く頃になり、押し入れの襖を開けた。

すると、顔をこちらに向けて、和服を着たお婆さんが正座していた。

たぶん悲鳴をあげたはずだが、声をあげたかどうか意識できないほど驚愕して、慌てふためきながら母のところへ飛んでいった。

「ほら、やっぱり変な刀やったやろ!」

母と一緒に恐々と部屋に戻ってみたら、さっきの老婆は消えていたが、押し入れの奥で刀がカタカタと音を立てて震えていた。

襖を閉めても音は止まず、そればかりか、ギシギシと激しく家鳴りがしはじめた。

その晩は、両親の寝室で母と寄り添って寝た。家鳴りがうるさくて、なかなか眠りに就くことが出来なかった。

明くる日、母は会社で昨日電話した同僚たちに事の次第を報告した。

　すると彼らは、宏雪さんの名前を知っている誰かが厄介な物を押しつけたんだろうと推理した。

「うちの社員かもしれへん。会社の運動会に坊やを連れてきたやろ？　ほんで名前を知ったんちゃう？」

「きっとそうや！　そんな呪われた刀なんて怖くて持っていられへんやろう？　ここの倉庫にこっそり置いとき！」

「せやな。昼休みに家から取ってきて、そうするよ。みんな、ありがとうね」

　こうして、怪しい刀は母の会社の倉庫に行くことになった。

　ところがそれから数日後、火元不明の火災で、件の倉庫は全焼してしまった。

　刀身だけでも残っていそうなものだったが、そういう物が焼け跡から発見されたという話も出なかった。宏雪さんが贈られた刀は、炎と共に消えてしまったのだ。

# サイオンジキミエ

宏雪《ひろゆき》さんの両親は、彼が一一歳になる前に離婚した。その後、彼は母と吹田《すいた》市に引っ越して、地元の公立小学校の五年生に編入した。

こんどの家はマンションの三階で、環境が大きく変わってしまった。

すぐ近所に神社があることだけが、前に住んでいた場所との唯一の共通点になった。

以前のうちは春木市の春日神社に近かった。こんどの神社は大ノ木《だいのき》神社といって、この辺りの人たちは「だいのきさん」と呼んでいるようだった。

この名の由来だという樹齢七〇〇年の椋《むく》の老木が境内にあるが、昔、台風か何かで幹が折れて、半ば朽ちてしまっている。しかし幹の太さなど立派なもので、威厳がある。

この木の洞《うろ》には無数の白蛇が棲んでいると言い伝えられており、「大の木大明神」と称されて稲荷が祀られている。

宏雪さんは、ここに来てから、よく大ノ木神社の境内をうろつくようになった。

ここに来ると、なんとなく懐かしい感じがして、気持ちが穏やかになるのだった。

その日も、学習塾の帰り道に大ノ木神社に立ち寄った。

すると、本殿の前に、全身が真っ黒な男が躍り出て、逃げると追いかけてきた。

顔も体も消し炭のように漆黒に塗りつぶされており、二つの眼の白目だけが充血して真っ赤だった。

とにかく恐ろしくて、鳥居の外まで振り向きもせず、必死で駆け抜けた。

しかし境内から出て振り返ったときには、男は姿を消していて、もう誰もいなかった。

「……ただいま」

家に帰ると、母が手拭いで手を拭きながら「ごはん出来とるで」と出迎えてくれたのだが。

「宏雪！　あんた、なんちゅう人を連れてきたんや！」

目を剥いて怒鳴られてしまった。

「黒い男か？　あんな、そこの神社で黒い男に追いかけられてたん！　あれはこの世のものやない思うた」

そう話したところ、母は彼の背中を一回、ポンッと強く叩いた。

「ハイ！　これで大丈夫や！」

憑いてきた化け物を祓ってくれたようだった。

ところが、その翌日、学校から帰って母の部屋に顔を出したところ、部屋の中にあの黒い男がいて、グルグル輪を描いて歩きまわっているではないか！

泡を喰らって急いでドアを閉めると、「何？」と訊きながら、今閉めたばかりのドアを開けて母が出てきた。

わけを話したら、母は難しい顔をして、「お経をあげたらなあかんね」と呟いた。

それから毎日、母は朝晩お経を唱えていたが、一週間ほどして、「もう大丈夫」と言った。

安心した宏雪さんは、また大ノ木神社に行くようになった。

そのときも塾の帰りがけに神社に寄り道した。特に何かが起きたわけではなく無事に帰宅したのだが、玄関で彼を出迎えた母が開口一番、妙なことを言った。

「サイオンジキミエって誰？」

聞いたこともない名前である。

「そんな人、知らへんよ」

「あんたの後ろにおる女の人が、サイオンジキミエって言うとるのよ！」

振り向いても、誰もいない。

「女の人なんて、おらへんよ？」

「おかんには見えるのよ！　さっきから、サイオンジキミエ、サイオンジキミエって繰り返して……ああ、消えてしもたわ」

そういうことがあったので、次に塾に行った際に、塾の先生にサイオンジキミエについて訊ねたところ、大ノ木神社には貴族の別荘跡があり、その貴族が西園寺といったのだと教えられた。


この話を聞いて、吹田市の大ノ木神社について調べてみたら、「大の木神社」や「大乃木神社」と書かれているものもあって表記が揺れていた。しかし、いずれにしても、これらは正式名称ではなく、正しくは泉殿宮《いずどのぐう》川面《かわづら》御旅所《おたびしょ》というのだった。

この近くに藤原南家《ふじわらなんけ》末流《まつりゅう》の宮脇家《みやわきけ》が代々社家《しゃけ》を務める泉殿宮《いずどのぐう》という神社があり、そこが大ノ木神社の祭典の斎主《さいしゅ》を務めるしきたりになっている。

だから、そこの御旅所《おたびしょ》ということになるが、これは、昔、京都の公家《くげ》や公卿《くぎょう》が旅行に際して、この場所に一度立ち寄って方角を直してから、あらためて出立したという伝承に由来するそうだ。しかし、その時代には、ここは神社ではなかった。

宏雪さんが先生から聞いたとおりで、西園寺家が建てた御殿があったのである。

この御殿は吹田殿《すいたでん》と呼ばれていた。

建てたのは、藤原氏の流れを汲む、西園寺公経《さいおんじきんつね》という鎌倉時代の公卿。

――なんと、ここでも藤原氏が関わってきた。

私は、宏雪さんの春日神社での体験談を思い返した。

そして、彼は藤原氏由来の何かの縁に導かれていたのかもしれないと考えた。

サイオンジキミエが何者かは不明だが、宏雪さんを守護する神さまだったのではないか。

ちなみに西園寺公経は歌人でもあった。小倉百人一首の入道前太政大臣《にゅうどうさきのだじょうだいじん》とは、彼のことだ。《花さそう　嵐の庭の　雪ならで　ふりゆくものは　わが身なりけり》

ご両親が離婚したり、故郷を離れて移り住んだり、寂しい子どもだった宏雪さんも、今では立派な大人になった。

花は咲き、花は散る。刻《とき》は優しく、誰にも平等に過ぎゆくのである。

# オレンジジュース

その日、宏雪《ひろゆき》さんは大学時代の恩師の家を訪ねた。少し前に、仕事関係で必要な人材を教授に紹介してもらった。そのお礼を述べに伺ったのだ。

心ばかりの品物を届けて挨拶するだけのつもりが引き留められた。「僕のワイフです」と教授に紹介された上品な女性が紅茶を淹れ、菓子まで用意してくれたので、初めは大いに恐縮したが、次第に彼女とも打ち解けた。

居間で和やかに歓談していたところ、裸足《はだし》で床を走る足音が聞こえてきた。湿り気のある足の裏をフローリングに少し粘りつかせながら、軽やかに駆ける足音だ。ペタペタと楽し気に駆けまわっている。音の感じから、三、四歳の幼児が想像できた。

——知らんかったけど、こまいお子さんがおられるんやな。

教授は五十代後半、その妻も同世代に見えることから、小さな子どもがいるのは意外だったが、昨今は四十代半ばで子を生す人たちも珍しくない。

あるいは、親戚の子が遊びに来ている可能性もある。

足音は、なかなか止まなかった。廊下を行ったり来たりしている。

宏雪さんは苦笑して、教授夫妻にこう言った。

「僕のせいで、お子さんが退屈されとるようですね？　お休みの日でせっかくパパママ揃うとるのに、長々とお邪魔しちゃお子さんに申し訳ないから、ぼちぼち失礼しますよ」

「いや、邪魔なことがあるものか。ゆっくりしていきなさい」

「ええ、そうですよ。どうぞお気遣いなく」

そう言われて落ち着いていられるほど図々しくなかった宏雪さんは、「でも、さっきから子どもの足音が、廊下で駆けまわっとりますから……」と遠慮した。

すると、「何のことだかわからへんね」と教授にしらっとした顔で返されたので、いっぺんに怖くなった。

――恐ろしいことや。あれは僕にしか聞こえてへんようや！

「あら、すっかり紅茶が冷めてしもたわね。新しいのを淹れてきますね」

「……ほな、僕、その間におトイレお借りしてもええですか？」

「どうぞどうぞ。階段の横のドアを開けると、手洗いとトイレがあるから」

足音は、いつの間にか止んでいた。それでも廊下に出るのは勇気が要った。

しかし、この目で事実を確かめたくもあった。

廊下には、子どもの気配すらなかった。

磨きあげられたフローリングが、艶やかな面を広げているだけであった。

用を足して居間に戻ると、新しい紅茶のカップが三つ、テーブルで湯気を立てていた。

そして、誰もいない席に、コップに注がれたオレンジジュースがひとつ置かれていた。

ギョッとしてオレンジジュースを見つめると、教授の妻がポツリと言った。

「久しぶりに人が来たからびっくりしたみたい。気にせんといてください」

事情を聞かずとも、教授夫妻がお子さんを亡くされたことが察せられた。たぶん何年も、もしかすると何十年も前のことだろう。

二人から哀しみが伝わり、彼もしんみりとした。そのことについて追求するような残酷さは持ち合わせていなかった。また、教授が自分を可愛がり、その妻も歓待してくれた理由も、なんとなくわかった気がした。

——生きていれば、僕ぐらいの年齢になっとったのかもしれへん。

だから彼はその後も三〇分ほど、そこにいた。オレンジジュースの方はなるべく見ないようにして、明るい話題になるように心がけながら会話した。

すっかり良い雰囲気が戻ったのを見計らって暇乞《いとまご》いをし、席を立った。

そのとき、たまたまオレンジジュースのコップが視界に入り、思わず変な声を出しそうになった。

最初、ジュースはなみなみと注がれていた。

それが、今見ると、なぜか半分に減っていたのである。


数年後、宏雪さんは大学の同窓生と話す機会があり、この教授のことが話題に上った。

「あの先生はむちゃくちゃ熱心やったね。研究もバリバリやってらして、学生の面倒見もほんまに良うて。お子さんを亡くされとるせいで、仕事に打ち込まれとったのやろう」

「やっぱりそうなのか」と宏雪さんは言った。「お子さん死んでしもたんやね?」

「ああ。ずいぶん昔のことらしいけど、可愛い盛りに病気で亡くなられたみたいやで」

それを聞いて、彼には思うところがあったが、胸の内に留めた。

——そのお子さんな、本当はパパママとずっと一緒に暮らしとんねんで。

# 柩の顔

四十路《よそじ》に入った頃から、親戚の葬式が急に増えた。父方母方とも伯父伯母の人数がずんずん減ってきて、五三歳になった今では一人しか残っていない。祖父母はとうの昔に逝ってしまったし、いとこも二人亡くなっている。

だから柩《ひつぎ》もずいぶん見てきた。ちなみに柩と棺は、どちらも「ひつぎ」と読めるが、意味が違うそうだ。亡骸《なきがら》を納める前の容《い》れ物《もの》が棺。遺体を納棺した状態が柩だという。

今まで私が見たどの柩にも窓があった。葬儀会社の人たちは、あれを覗き窓と呼んでいるようだ。覗き窓の形状はさまざまあるが、最も一般的なのは、ご遺体の顔の真上にあたる部分に観音《かんのん》開きの扉をつけるタイプだ。扉の把手《とって》には黒い房飾りが結ばれることが多い。

亡くなった人の顔を覗き窓から拝するときの衝撃は、すでに死に顔を目にしたか、またはある程度の前知識があって予想がついていることから、さほど大きくはない。かと言って平然と眺められるわけでもない。

よく知った人が喪《うしな》われたという厳然たる事実が、柩の顔に凝縮されていて、いったん網膜に焼きつくと、微かな動揺が長く続く。

——ところで、柩の覗き窓を開けたとき目に飛び込んできたのが、予想だにしなかった顔だったら、どんな心地がするだろう？


宏雪《ひろゆき》さんの母方の祖母は、孫たちに伊勢湾《いせわん》台風について語ったことが何度かあった。

一九五九年に紀伊《きい》半島から東海《とうかい》地方にかけて広く被害をもたらしたこの台風の折に、祖母の家は高潮《たかしお》に呑まれた。

「若い頃の着物もアルバムも、家財道具も、何一つ残らんかった」

いつも祖母は無念そうに言うのだった。特に残念がっていたのがアルバムで、子どもの頃や制服を着た女学生の頃、娘さん時分や、新婚当時の写真がいっぱい貼ってあったのだという。花嫁衣裳を身に着けた婚礼写真も入っていた。

「祖母ちゃんは今はこないになってしもてんけど、若い頃は器量よしやってんで」

口惜《くちお》しそうに祖母がこう訴えるたびに、孫たちは笑いさざめいた。

お祖母ちゃんは、すでにお婆《ばあ》ちゃんだった。若い頃なんて想像できなかった。証拠になる写真が一枚も無いのだから嘘はつき放題だとみんな思っていた。

そのお祖母ちゃんが死んだ。享年は八四。晩年は病弱になり、先に逝《い》ったお祖父ちゃんに早く会いたいと言うようになっていた。

だから亡くなったのは悲しいことだけれども、宏雪さんはじめ遺族はみんな、若干の祝福が入り混じった、とても穏やかな気持ちで葬儀に臨んだ。

――お祖母ちゃん、やっとお祖父ちゃんに会えるんやなあ。

野辺《のべ》送《おく》りをして、いよいよ火葬場で荼毘《だび》に付してもらう段になり、これでもう本当に最後のお別れだと思いつつ、柩まで続く遺族の列に彼は並んだ。

行列は長く、亡骸と対面しつつ涙ながらに別れを告げる人たちの歩みは牛歩《ぎゅうほ》の如《ごと》くで、なかなか順番が廻ってこない。

途中の誰かが、半ば無意識のような感じで、祖母に挨拶し終えると柩の覗き窓を閉めた。

すると次の者も、それに倣《なら》った。

柩に付いた観音開きの窓の戸が、挨拶の度に開閉されだしたのだ。

やがて宏雪さんの番になった。

覗き窓の観音扉が、どことなく森閑《しんかん》とした気配を漂わせながら閉じている。

彼は、黒い房飾りが付いた左右の把手を両手で摘まみ、厳かに窓を開いた。

艶やかな漆黒の髪に抱かれた、透きとおるような色白の美貌が、そこにあった。

彼女は、彼と目が合うや、輝くような微笑を浮かべた。頬の線が円《まど》かに優しく、年の頃は一八、九かと思われた。悪戯《いたずら》っ子みたいな光が瞳の奥に躍っている。

——な？　べっぴんやろ？

——うん！　もうわかったから、はよ天国のおじいちゃんのところに行ってあげて。

胸の裡《うち》で祖母と短い言葉を交わすと、彼は手を合わせて目を閉ざした。

そして再び目を開けたところ、祖母は、白髪に囲まれ皺《しわ》ばんだ、彼が見知った顔に戻っていて、静かに瞑目《めいもく》していたのだった。

覗き窓を開けたまま、宏雪さんは柩から離れた。

その後は、全員が挨拶をし終えるまで、覗き窓は開けられたままになった。

最後に、葬儀会社の職員が窓の扉を閉めたとき、宏雪さんは、祖母が生きてきた長い歳月が彼岸の波に呑まれて、みるみる遠ざかっていくような気がした。

# 通りすがりの女の子

去年結婚して現在妊娠中の比奈《ひな》さんは、三年前までキャバクラに勤めていた。辞めたのは二四歳のとき。

健康的な生活を送っている今では考えられないが、当時は、明け方に帰宅して昼すぎまで眠る習慣だった。成人してからずっと夜の仕事をしてきたのだ。

その頃の自宅は東京都東村山市《ひがしむらやまし》にあるマンションで、勤めている店は八王子市にあった。それなりに繁盛している大きな店だった。同伴《どうはん》出勤のときを除いて、必ず自動車の送迎がついた。

仕事が終わって帰り支度を済ませるのが、だいたい午前四時頃。それから車で店を出発すると、五時前にマンションに到着した。

この周辺は戸建ての多い住宅街で、夜になると人通りがとんと途絶えた。なぜか街灯が少なく、日没後にひとりで歩くのはなんとなく心細かったものだ。

自分に霊感があるとは思わないが、一度、家に送ってもらう途中、車の中で原因不明のお線香の匂いを嗅いだことがあり、それからはマンションの出入り口にぴったりと車をつけてもらうことにしていた。

明けきらない暗い道を歩くより、同じマンションの住人に水商売の女だとばれる方がマシに思えた。

独り暮らしで、その頃は恋人もいなかった。

店の送迎係の青年とは気心が知れていたが、親しいわけでもなかった。

仕事帰りに、彼に後部座席から話しかけるのは、眠ってしまうのが嫌だったからだ。

たとえば「近頃は、夜が明けるのが早くなったね」と窓の外を眺めながら言うと、「夏ですからね」と当たり前のことを返して寄越《よこ》す。いつもの送迎係は、そういう単純な会話をするのにちょうどいい相手だった。

梅雨《つゆ》が明けて、日中はだいぶ蒸し暑くなってきた、そんな頃のことだ。

その朝は珍しく霧《きり》が出た。夜が明けてくるに従い靄《もや》が出てきて、マンションの近くまで来たときには辺りをミルク色にかすませて霧が垂れ込めていた。

やがて、霧を透かして、マンションの前にある公園が見えてきた。

どこか陰気な、小さな公園だ。遊具はブランコしかなく、植え込みや花壇も貧相で、子どもが遊んでいるところを見たためしがなかった。

ところが近づくにつれて、ブランコが揺れていることに気がついた。

朝靄《あさもや》の中で大きく弧《こ》を描いている。ずいぶん大胆な乗り方だ。

軽く驚きながらブランコに注目した。マンションに行くには、ちょうどブランコの後ろを通りすぎることになる。こんな時刻にいったい誰が漕《こ》いでいるのだろう？

……女の子だった。

小学校の四、五年生だろうか。両手でしっかりとチェーンを掴んで、激しくブランコを漕いでいた。

長い髪の毛を吹き流しのようにたなびかせて、細い体を前へ後ろへと跳ねあげる。その勢いの、凄いのなんの。もう少しで一回転しそうなほどだ。

何か不自然に感じて、胸の底がざわついた。

――速すぎない？

子どもの頃、ブランコが好きでよく漕いでいたから、わかるのだ。

あんなふうに危うく一回転しそうになるほど大きくブランコを上に振った場合、ああいうスピードで漕げるはずがないのである。

ブランコというものは、小幅に漕げば前後する時間が短くなり、大幅に揺らせば間隔が長いぶん傍目にはゆったりとした動きになる。

あの女の子は、とても速く、しかも大きく揺らしている。

ブランコの真後ろに差し掛かったとき、女の子の背面がはっきりと見えた。

白い半袖のシャツと膝丈ぐらいの地味なチェック柄のスカートを着ている。

すぐに前方に遠ざかり、再びこちらに接近してきたときには、比奈さんを乗せた車はそこを通りすぎていた。彼女は送迎係に話しかけた。

「ねえ！　見た？　ブランコの女の子！　めっちゃ漕いでた！」

彼が「ええ、見ました！　何ですか、あれ？」と返事をするとばかり思い込んでいた。

しかし予想が裏切られた。

「え？　今通りすぎた公園のブランコですか？　誰もいませんでしたよ？」

比奈さんはゾッとして、

「ウソ！　いたよ！　怖いこと言わないでよ！」

と言い返しながら後ろを振り返ったが、ブランコは公園の木の陰に隠れて見えなくなっていた。

そのときは、送迎係が運転に気を取られていたから見落としたのだと勝手に決めつけて済ませた。

それから三日後、いつも指名してくれる常連客と同伴出勤することになった。毎回あらかじめ同伴を申し込み、約束した日時になると必ずハイヤーでマンションまで迎えに来てくれる良いお客さんだった。

この日も、夜八時にマンションの出入り口で待ち合わせした。

時刻きっかりに滑るようにハイヤーを乗りつけて、スムーズに拾ってくれた。すぐに再び出発して店へ向かった。

……そこまでは良かったのだが、例の公園の横に差し掛かると、ついぞ覚えたことのない嫌な予感がした。

離れたところにポツリと灯った街灯が、辛うじてブランコを照らしている。

――また揺れている。

それも前回と同じく、危険なまでの振り幅で、上がったり下がったり。

長い髪。細身の体。間違いなく、あの子だ。

「あの女の子を見て！　私、あの子を見るの二回目なの！　マジで怖いんだけど！」

「マジ？」と、後部座席で隣り合って座っているお客さんがブランコの方を振り向いた。

そしてすぐに「見えないけど」と戸惑った口ぶりで呟いた。

それから「ヤバいんじゃない？　子どもが公園にいる時間か？」と問いかけながら、彼女の顔に視線を戻した。

その表情が本気で怯えていた。

「ヤバいって、何が？　私のこと？」

「うん。だって、視えちゃった……ってことじゃないの？　本当に誰もいなかったよ？」

「ウソ！　そんなのヤバいじゃん！　ヤバすぎィ！」

比奈さんは強引に笑い飛ばそうとした。

しかし、あまり上手くいかず、それからは変にしらけた空気が漂ってしまい、その晩、常連さんは早めに帰ってしまった。

そんなことがあってから、比奈さんは、件のブランコが視界に入らないように、その公園のそばを通るときは、顔を伏せるか反対側を向くようになった。

二度までもあれを見たのが自分だけだったという事実が気にかかっていた。

二回とも女の子の顔を見ていないというのも、嫌なことだった。

どんな顔をしているのか、つい、想像を膨らませそうになっては思いとどまる。そんなことが数え切れないほどあった。

それから数ヶ月間は、何事も起こらなかった。

年末が近づいてきた。例年、この時季になると、系列店から声が掛かるようになる。今年もまた、五月雨式に他店の応援要請が届きはじめた。

師走《しわす》に入って間もないその日は、国分寺《こくぶんじ》の店に出た。

送迎係はいつもの青年ではなく、退勤時に彼以外の同乗者が三人いたのもイレギュラーなことだった。三人とも比奈さんと同じような女性キャストで、常勤する店が全員違った。

午前四時過ぎの帰り道、店の近くに住んでいる者から順に降ろされていったところ、比奈さんが最後に残った。

冬の未明は夏と違って真っ暗だ。しかし、途中までは、街灯もあればコンビニエンスストアなど終夜営業の店もあり、沿道のようすがだいたい見てとれた。

「もうすぐ到着しますよ」と運転席の青年が言った。

そのとき、道路の左横が、ふっと闇を濃くした。

「ここはどこ?」うっすらとした不安を覚えて比奈さんは訊ねた。

「府中街道《ふちゅうかいどう》です」

そういうことじゃない、と苛立たしく思いながら、左側の暗がりに目を凝らすと、どうやら鎮守《ちんじゅ》の森がある。だからこちら側が暗くなったのだ。

木立ちと歩道の堺に設けられた灰白色《かいはくしょく》の柵は、よくよく見れば、寄進者《きしんしゃ》の名前を刻んだ玉垣《たまがき》の列である。道のずっと先の方まで延々と連なっている。

――ずいぶん大きな神社だこと。近くに住んでいるのに、少しも知らなかった。

ちょっと興味をそそられた。

やがて、進行方向にあった青い案内標識が、新青梅街道《しんおうめかいどう》との交差点が近いことを知らせた。

案内標識の少し先に信号機と横断歩道があり、ちょうど赤信号に変わるところだった。

横断歩道の手前で停止すると、こちらに近づいてくる人影に気づいた。

神社側の歩道を歩いてくる。玉垣の高さとの比較から、かなり背が低いことがわかる。

子ども……それも、四、五歳の幼児だ。

暖かい季節の昼間であれば、幼稚園児だと確信したはずだ。

黄色い幼稚園バッグを肩から斜めがけして、何か飾りが付いたゴムで髪の毛をツインテールにまとめている。

だが、今は夜明け前だ。その子以外、人っ子ひとり歩いていない。

しかも一二月だというのに、なぜか、その子どもは半袖のTシャツを着ていた。臙脂色《えんじいろ》をしたズボンも半ズボンで、ジャージ素材の体操着のようだ。白いハイソックスとズック靴を履いている。露出した腕と膝小僧が見るからに寒そうだ。

比奈さんは呆気に取られた。

「こんな時間に、なんで幼稚園児が外を出歩いてるの？」

思わず口走った独り言に、「エッ?」と、隣で送迎係が反応した。

――まさか、あの子が見えていないの？　また私だけ？

「エッて……ええっ？」と彼女は焦り、助手席の背もたれに背中を押しつけて縮みあがった。

そのとき、左側に続いていた黒い樹々のシルエットが途切れると、暗闇から滲みだしたかのように、灰色の鳥居が姿を現した。

鳥居の正面で、あの幼児とすれ違うことになりそうだ。

ブランコの少女はこちらに背を向けていたから、顔が見えなかった。

――こんどは見えちゃう！　見たくない！　怖い！

そう思うのに、なぜか女の子から目が離せない。

――ああ、来る！

その刹那《せつな》、思い切り悲鳴をあげるつもりが、喉《のど》がヒュッと鳴っただけだった。

可愛らしいツインテールを揺らしてやってくる、幼稚園児のような子どもの姿。

その顔は、皺《しわ》だらけの老人そのものであった。

大小のシミと皺に覆いつくされ、皮膚が弛《ゆる》んで頬が垂れさがった顔を、真っ直ぐ前に向けて、わき目も振らずに歩いていく。

「い、今の……」

震えながら運転席を振り向くと、送迎係と目が合った。

「今の？　何かありましたか？」

彼の暢気《のんき》な顔を見れば、あれを見なかったのは明らかだった。

「なんでもない」と彼女は答え、間もなく、仕事を辞めて引っ越したのだという。

# 精華小劇場

地方出身であっても、日頃は、ほとんど訛《なま》りを感じさせない人がいる。うちの夫がまさにそうで、東大阪出身だが、抑揚まで完璧な全国共通語を話す。

ところが夫の両親は、関東に引っ越してきて何十年にもなるのに関西弁のままだ。そして夫は実家に帰ると、たちまち東大阪特有の言葉に戻る。そんな次第で、「僕はバイリンガル」と彼は申している。

菜津《なつ》さんも、その種のバイリンガルだ。生まれも育ちも大阪のど真ん中だが、インタビューの間中、関西弁の痕跡すら感じさせなかった。

彼女の場合は、東京暮らしが長いせいもあるだろうが、それ以上に、若い頃、役者や演出助手として舞台に携わった影響が大きいのではないかと思う。演技は観察と模写を基本とするものだ。言葉の観察と模写能力に優れているのに相違ない。

菜津さんは今年四〇歳。舞台から離れて久しく、今は別のお仕事をされながら、子育てに励んでいる。彼女が郷愁を交えて語ってくれた体験談を綴りたいと思う。

大阪の難波《なんば》にあった旧市立精華《せいか》小学校が閉校したのは、一九九五年のことだった。

創立は明治六年というから、一二〇年を超える歴史に幕を閉じた次第だ。

開校からこの方には、さまざまなことがあった。

第二次大戦の大阪大空襲は、一九四四年一二月から約五〇回あり、府内でおよそ一万五〇〇〇人の犠牲者を出した。

そのとき、ここの被害が少なかったのは奇跡と呼んでもいいだろう。昭和四年に竣工した校舎は、当時としては珍しい地上四階地下一階の堅牢な建物で、一階の一部に体育館を配し、二階から上が学《まな》び舎《や》。地元住民に長く愛された校舎だった。

廃校になった後、大阪市がこの建物を活用する計画を立ちあげた。

地域の活性化や文化振興を志して、市民向けの講座などを運営する生涯学習ルームを二階から四階で運営し、一階の体育館の方は演舞場に改修する旨を決定したのである。

演舞場の名は精華《せいか》小劇場《しょうげきじょう》。

演劇、舞踊、映画など、幅広い利用が見込まれて、二〇〇四年一〇月にオープンした。

菜津さんは、この立ち上げ当初のオープニングスタッフから始めて、その後二年余り、ここで働いたのだ。

当時、彼女は小劇団に所属していた。役者を三年ほど続けてきたのだが、少し思うところあり、舞台を下りて裏方を手伝いはじめた頃だった。

小劇団の裏方というのは単なる制作作業だけでなく、時には劇団の外の世界と関わって、マネジメントや広報の仕事もこなす。裏方初心者だった菜津さんを指導した先輩は、すでに二〇年近いキャリアの持ち主で、知識が豊富な上に、大阪の演劇関係者に顔が広かった。

「こんど大阪市が難波の学校跡に劇場を作るんやって。ほんでアルバイトスタッフを募集するってことで、市役所の知り合いから声を掛けられてん。一緒にやらへん？」

尊敬する先輩からの誘いに、菜津さんは一も二もなく「やります！」と飛びついた。

そのとき二三歳。菜津さんは貧しかった。

小劇団の活動を優先すれば、時給のアルバイトを転々とせざるを得ないからだ。

しかし、同じアルバイトなら、ただ金のためにだけする労働より、役者としても裏方としても得るものが大きい劇場スタッフの仕事の方が断然良いと思われた。

しかも精華小劇場は大阪市が運営する施設だから、行政サイドの担当者や、他の劇団の主宰者とも当然関わることになる。……野心がくすぐられるではないか？　心がけによっては、将来に繋がる人脈づくりも出来るだろう。

また、そこでは、市が協賛する演劇祭や映画祭も開かれる。つまり、小劇団で芝居をやっているだけでは手が届かない大イベントに関わるチャンスもあるわけだ。

菜津さんは先輩と一緒に応募して、すみやかに採用された。

オープン前に集められたスタッフは彼女たちを入れて六名で、全員がアルバイトだった。

正社員は、スタッフや市の担当部署から「チーフ」と呼ばれていた支配人のみ。三十代の男性で、彼が大阪市との予算交渉や経理などの経営実務を一手に引き受けた。

菜津さんたちスタッフの仕事は、上演期間中を除けば、問い合わせの電話やメールに対応したり、舞台装置や機材の点検をしたりするだけだった。

人数を要さないので、週末の金土日の三日間は二人、平日は一人で事足りた。劇団の活動を続けながら働ける、早番・遅番に分けたシフト制なのがありがたかった。

建物こそ古かったが、地下に設けられた菜津さんたちの事務所はリノベーションされたばかりのまっさらな空間で、事務機器も新品が揃えられていた。

彼女は、胸を躍らせて開館に臨んだ。

「チーフ、裏にある祠《ほこら》って何ですか？　まだ新しいですよね？」

建物の裏に祠があり、初日から気になっていたのだ。そこでオープンから間もなく、チーフと二人きりになった際に訊ねてみたところ、こんな答えが返ってきた。

「ここな、千日前《せんにちまえ》デパートの火事のときに、焼死したご遺体の一時安置所やったんやって。それから戦時中も地下が防空壕として利用されて、空襲のときに逃げ込んでから亡くなられた方もおられるっちゅう話や」

そんな事情は初耳だったが、思い当たることがちょっとあった。

「なるほど。せやから、ときどきフッと嫌な臭いがするんやね……」

菜津さんがそう呟くと、チーフは「そんなわけあれへん！」と笑い飛ばした。

「何十年も昔の話や！　臭いなんかするわけがあれへん。まあ、配管なんかも古いから、どこぞから下水の臭いが漏れてくることもあるかもな？　まあ、訳ありだっちゅうことで、ちゃんと祠を建てて、神主さんをお呼びしてお祓いしてもろてん。お浄め済みやねんから、ケッタイなことは言わんでくださいい！」

言うなと命令されても、臭うものは臭う。

死臭など嗅いだことはないが、火災や戦争のときの話を知ってから、これがそうなのではないか……と怪しんでしまう、なんとも穢《けが》れた感じの悪臭が、時折漂ってくるのだった。

たとえば舞台の出し物が何もない平日、一人で事務所にいるときなどに。

朝九時に出勤すると、最初は一階の劇場も真っ暗だ。

ドアを開けた途端、嫌な臭いを絡みつかせた暗闇が押し寄せてくる——あれが死臭だとしたら恐ろしいことだ。

息を詰めて一階の照明を点灯させて、事務所へ行くために階段を下りるときも、怖い。

階段の途中から下は、漆黒の深淵だ。

壁際のスイッチを押して電気を点けても、下りた先で再び冷たい闇と対峙する。

実際、地下は外気温より温度が低く、下りた瞬間にヒヤリとして鳥肌が立ってしまう。

しかも残念なことに地下の照明スイッチは事務所の中にあった。

階段の明かりが辛うじて届いているから足もとが見えないほどではないが、薄暗い廊下を一〇メートルも歩かねば事務所まで辿り着けない。

さらに、事務所の向かい側にある三つの部屋はリフォームされておらず、いつもドアのガラス窓が黒い口をポッカリと開けている。これも実に嫌な感じがした。

三室とも施錠されたままの、いわゆる開かずの間で、窓から室内を覗くと、暗い中に家具やベニヤ板などが積みあげられているのが薄ぼんやりと見てとれた。……塵芥《じんかい》の間で何かが蠢いていそうで、長くは見ていられないのだが。

スタッフは全員、出入り口と事務所などの合鍵を預かっていた。

鍵を開けて建物に入ったら、どのドアも必ず内側から施錠するきまりだった。

しかし菜津さんは、異界の気配がする劇場に自らを閉じ込めているような気がして、鍵を掛ける度に不安に駆られた。

――自分に霊感があるなんて思うたことは一度もあらへん。この劇場は特別や。

彼女は、ここは怪異が起こる場所なのだと認めてしまった。

すると、それからは、ますます奇妙な現象に気がつきやすくなった。


ある日、一人で勤務しているときに、トイレから事務所に戻ると、さっきまで飲んでいた飲料入りの紙パックからストローが消えていた。

たしかに挿《さ》しておいたのに……。席を立ったとき服に引っ掛けて落としたのかと思い、周りをくまなく探したが、どうしても見つからない。

「けったいやね」と思わず独り言ちたそのとき、隣の部屋から椅子を引くような音がした。

そちらは出演者の控室だ。今日は誰も使っていないはずである。

え？　と思って音がした方を見つめると、また、椅子の脚が床に当たって立てるような
ガタガタという物音が聞こえてきた。

はっきりとした、かなり大きな音だ。気のせいではない。

トイレに行っている間に、誰かが来たのだろうか？

「誰でっか？　どないしたん？」

声を掛けながら、廊下へ出てみた。

控室のドアの小窓は真っ暗で、静まり返って……と思ったら、またガタンと何かが鳴った。

菜津さんは事務所に逃げ戻り、爆音でラジカセを鳴らして怖さを紛らわした。

それからは一人で事務所に詰めているときは、ラジカセに頼るようになった。

しかし常に鳴らしているわけにもいかない。

問い合わせの電話を切った直後に、上から大勢の足音が聞こえてきたこともあった。

シンと静まった間隙を突いて、幾つもの軽い足音が一階で駆けまわりだしたのだ。

子どもたちの歓声も聞こえた。球《たま》を床に突くような音も。バスケットボールか何かをし

ているかのようだった。すでに小学校の体育館ではなくなって久しいのだが……。

菜津さんはラジカセの爆音に逃れた。

他にも、数えあげたらキリがないほど、さまざまな出来事があったけれど、中でも怖かったのは、廊下に白い煙が現れたときだ。

その日は、午前九時に出勤した直後から奇妙だった。

一人勤務の平日であった。誰もいない建物に入り、地下へ行く階段の電気を点けようとしたら、下の方から男たちの話し声が聞こえてきたのだ。
二、三人で、立ち話をしているようだ。
昨夜から施錠され、暗闇に閉ざされていた地下で、明かりも点けずに……。

菜津さんは慌てて外に引き返し、気持ちを落ち着けるために煙草を一服した。

一本吸い終わると、勇気を奮い起こして中に戻った。

――まだ会話してる！

背筋が凍りつき、恐ろしくて仕方がなかったが、一〇時になる前に電話対応に備えなければならず、その前に昨夜から届いたメールを確認する必要があった。

震える指で電気を点けた。階段がパッと明るくなる。

途端に、男たちの声が止んだ。

静寂の中、階段を駆け下りた。全速力で事務所に駆け込むつもりだった。

ちなみに廊下の反対側にも階段があった。そちらは舞台の裏に繋がっており、何も上演されていないときは消灯されたままになっている。

彼女は前々から、その暗い階段の辺りがなんとなく怖かった。特に、階段の横の壁が。なんの変哲もない、コンクリートが打ちっぱなしになった壁である。

彼女がいる側の階段の明かりが、その壁をうっすらと照らしている。

階段を下り切った直後、事務所に行きつく前に、白い煙が視界をさえぎった。

何も無い空間からもくもくと湧き出して、たちまち廊下を塞ぐ。

この濃密な白いガスは悪臭を伴った。傷んだ豚肉、腐った魚、そして黴《かび》の臭いを混ぜたような、吐き気を催す……死臭？

ここで、同じ臭いを何度か嗅いだことがある。でも、いつもより臭いがキツイ。

菜津さんはヘタヘタと腰を抜かしそうになったのを踏みとどまり、後ずさりした。

すると煙の方も後退しはじめた。急加速しながら廊下の奥へ引いてゆく。

最後は、以前から怖く感じていた突き当たりの壁に、シューッと吸い込まれていった。

後には何もない廊下があるばかり。

また何か起きそうな予感がして、彼女は再び建物の外に飛び出した。

そして、くるりとドアに向き直ると、劇場の中まで届くように大声で叫んだ。

「朝です！　人間の時間になりましてん！　場所をお借りします！」

一〇時までに、なんとしても事務所を開けておきたかった。

建物に向かって深々と頭を下げてから、祈るような気持ちで中に入ると、何の気配もせず、臭いも消えていた。


怪異に遭遇したのは菜津さんだけではなかった。

チーフと先輩は、何が起きても「気のせい」にしていたが、たまに、どうしても無視できない変なことが起きると、急に無口になるのだった。

スタッフばかりでなく、劇場に来た演劇関係者や、時には観客までもが怪異に気づいた。

昨今は、芝居を上演する際に、舞台の動画を撮影する劇団が多い。後日、録画したものをファン向けに販売するために、高性能なビデオカメラを三脚に立てるなどして、本格的な撮影を行う劇団も珍しくない。

そのためにプロのビデオカメラマンをはじめ、専門のスタッフを雇う場合さえある。確実に録画できる態勢を整えてくるわけだが、ところが機材トラブルで録画をあきらめざるを得なかったり、一応撮れはしたものの、途中に奇妙な声が入ってしまったことがあった。

劇場のオープンから約一年半経った、ある春の日。

この日は、少し大掛かりな舞台の初日だった。前夜は遅くまで、リハーサルや書割の設置などで劇団関係者が出入りしていた。昨日のうちに舞台上に二階建ての家を模した書割を建て終えて、照明と音声のチェックを済ませていたが、上演前の準備にも時間を割くために、チーフは早朝から出勤すると言っていた。

昼夜二回の上演スケジュールで、チケットの売れ行きは第一部第二部とも上々だと聞いている。菜津さんは遅番で、第二部開始後からのシフトだったが、早めに劇場に行って客席を覗いてみた。

満席だった。撮影隊の真ん前に一ヶ所、一〇ばかり空席が固まっているが、あれは、撮影の邪魔にならないように、あえて空けてあるエリアだ。それ以外は埋まっている。

地下の事務所に行くと、チーフが眉間《みけん》に皺《しわ》を立てて第一部のアンケートを読んでいた。

「何ぞ悪いことでも書かれてましたん？」

「いや、芝居の評判自体は最高や。せやけど、けったいなことを言うお客さんが多くて、どういうこっちゃと思うてただけや。……ほれ、読んでみなさい」

　手渡された紙の束に、菜津さんは目を落とした。

《舞台の家にいた子どもには何か意味があったんですか？　よくわかりませんでした。それ以外は、とても良かったです！》

「な？　捲ってみ？　似たような意見を書いた人がいっぱいおるねん」

《書き割の二階の窓から小学生ぐらいの女の子がずっと覗いていましたが、ストーリーに関係ないですよね？》

《お芝居は面白かったけど、後ろの方で子どもがガヤガヤしてたのが気になりました》

「せやかて子どもの客なんかおれへんよ！　書き割の二階には、そもそも床がない」

「せやから前から、ここはヤバいて言うとりますやん！」

「いやぁ……」とチーフは引き攣《つ》った笑顔で呟いたきり押し黙ってしまった。

「チーフは信じへんのですもんね」と菜津さんは厭味を言った。

「第二部は夜です。昼間よりもっとヤバいこと起きるんちゃいまっか？　私は悪い予感しかしまへんで」

菜津さんが思っていたとおりになった。

まず、上演後、出演していた役者がチーフに詰めよって、こんな抗議をしたのである。

「空いとる席に何人も子どもがいたけど、あれは何？　ワイワイうるそうて他のお客さんの迷惑や！　関係者のお子さんなん？　もそっと気いつけてくれへんかな！」

「そんなはずはおまへんのやけど……。客席のどの辺でしたか？」

「撮影隊の前の辺りや！」

書き割の家の二階にいる女の子を見た観客は倍増し、第一部とは違い、こんどは舞台演出の係など劇団の裏方たちまで、その子どもを目撃してしまった。

舞台監督の男性は、バックヤードの通路で通りすがりに菜津さんをつかまえると、

「ここはヤバい。あんたバイトやろ？　こないなとこ早めにやめた方がええで！　子どもの霊が多すぎる！」

と、耳打ちした。尚、この人は上演期間中に、「霊媒師に念をこめてもろた」と説明しながら塩と米をスタッフに配って歩き、さらに地下の階段に盛り塩をしてくれた。

その結果であろうか……翌日からは怪奇現象が少し収まったのだが、本人は「ここには

二度と来ぃひん」と宣言していた。

「今、そこを子どもが通った！」と地下の廊下を指差して怯える役者もいた。

「稽古中にも、楽屋から子どもの声や気配がして、やのに入ると誰もおらへんかった。ここには……おるんやね？　スタッフさんたちは怖ないの？」

怖いが仕方がなかった。収入を失いたくなかったし、いろいろ勉強にもなり、初めに期待していたとおり、メリットもまた大きかったのだ。

しかし、あまりにも頻々《ひんぴん》と怪奇現象が起こるようすを見るにつけ、今回初めて菜津さんは、辞めたい方に気持ちが傾いた。

事務所に戻ると、先輩とチーフがビデオカメラマンと何事か相談していた。

「どうしたんですか？」

「メインの映像が撮れへんかった。千秋楽までに撮り直したらええんやけど、こうなった原因がわかれへんのや」

事務所にあるモニターにビデオカメラが繋がれていた。今までチェックしていたようだ。

「ほら。こんな具合や」

録画を再生すると、舞台正面の定点カメラの映像が始まった。最初の一〇分程度は普通に撮れている。

しかし、その後は一面の砂嵐が続き、舞台の幕が下りる直前に正常に戻った。

「前に、ストローが無くなったとか、嫌な臭いがするとか、言うてへんかった?」

神妙な面持ちでチーフが話しかけてきた。

「はい。でも、チーフは相手にしてくれまへんでした」と菜津さんは苦笑いした。

「ごめん。悪かった。やけど、もう信じる」

彼によれば、消しておいた地下の廊下と舞台袖の階段の電気が、本番中に勝手に点いたのだという。舞台に明かりが漏れてしまうので、それらの照明は本番直前に落とすことになっていて、彼自身が確実に消したのに……。

それら二ヶ所のスイッチは、廊下のは事務所の出入り口付近、階段のは階段の上にあって、それぞれ離れている。

それが誰もスイッチのそばにいなかったのにもかかわらず、同時に点いた。

「劇団の人から、なんで点けちゃったんでっか? と、責められてな……。点けてへんのやから答えようがあれへんやん? そんとき僕は舞台側の階段の上におった。地下には誰もいぃひんかったよ。そもそも、一人で同時に消すんは無理や。こないなのって、何なんやと思とります？」

「そりゃ、幽霊ですわ。地縛霊《じばくれい》とか……」

チーフは頭を抱えてしまった。

「お祓いをもういっぺんしてほしいけど、大阪市が予算を付けてくれるかなぁ！　くれへんやろうなぁ。今やから打ち明けるけど、祠を建ててお祓いしたときにな、神主さんが正直言うと祓い切れないって音を上げてん。そんときは内心バカにして鼻で嗤ってたんやけど……ほんまに出るやろ？　実は、みんなには内緒で建物の周りにお神酒を撒いたことがある。全然効果なかったけどな」

それから間もなく、菜津さんが所属していた劇団が東京に籍を移した。彼女も、今後の演劇活動を東京で行うことになり、二〇〇六年に精華小劇場の仕事を辞めた。

東京で暮らすようになって、芸能プロダクションからも声が掛かり、さまざまな媒体に出演していた時期もあるが、「今ではどれも遠い昔の想い出です」と菜津さんは私に語った。

旧精華小劇場は、二〇一一年三月三一日に閉館した。

当初から暫定的《ざんていてき》な劇場だったとも言われている。大阪市は、開館から三年後の二〇〇七年の時点で、ここを処分検討地として策定していた。

大阪ミナミのど真ん中にあったこの跡地は後に売却されて、現在は家電量販店のビルが建っている。ガラスと鉄骨の現代的な商業ビルに生まれ変わって二〇一九年にオープンすると、たちまち街に溶け込んだ。

しかしビルの裏側は、かつてそうであった洋館風の建物のイメージを活かしたデザインになっており、一階に市立精華小学校のメモリアルコーナーが置かれている。

祠がどうなったのかは知らないが、然るべき正しい措置が取られたものだと信じたい。

# 山の読経

広島県の山陽沿岸の中央に位置する三原《みはら》市は、瀬戸内海と緑豊かな丘陵に挟まれた街だ。気候が温暖で、鉄路・航路・空路のインフラが整っており、早くから宅地開発が進んだ。昨今では、県立大学のキャンパスも誘致されている。

現在五五歳になる彰《あきら》さんはここで生まれ育ち、街の変遷《へんせん》を見守ってきた。たとえば、大学キャンパスが出来る前のあの辺りは、草ぼうぼうの山であった。山の麓を道路が周回していて、そこで犬を散歩させていた時期がある。

二五年ほど前のことだ。当時は定時で帰宅できる仕事に就いていた。家に着くのが、だいたい午後の六時半頃で、帰るとすぐに着替えて散歩に出るのが日課だった。

犬は雑種の中型犬で、彼に非常になついていた。仔犬の頃に厳しくしつけたので、散歩中も急に飛び出したり、通行人に吠えついたりせず、定まったルートを軽快に歩いた。

そのとき、季節は秋で、麓の道に差し掛かったのは夜の七時前後だった。

山といっても標高は低い。丘と呼んだ方がいいかもしれない。森がこんもりと隆起して、裾の方は雑草に覆われた緩やかな斜面になっている。

彰さんと犬は、山の斜面を左側に見ながら道を進んでいた。

街灯に照らされているので、歩くのに支障はない。風が吹かない晴れた夜で、星空が綺麗だった。犬はいつものように楽しそうに、時折、眼をキラキラさせて彼の方を振り返った。

山の裏手に回り込んだ辺り、彼が暮らす住宅街からだいぶ遠のいたところの道沿いに、竿石が三つ並んでいた。沿道ではあるし、一見、石碑かと思うが、よく見るとお墓である。

それがあることは、もちろん承知していた。なにせ毎日通る道だ。見慣れた景色で、別になんとも思わなくなっていた。

しかし、その日は、そこに差し掛かったとき、どこからかお経が聞こえてきたのだった。

犬も立ち止まって耳をピクピクさせている。気のせいではない。

お墓に近づいてみると、その向こうの山の奥から聞こえてくるようだとわかった。

延々《えんえん》と途切れることなく読経している。年輩の男性の声だ。風格のあるお坊さんの姿が想像された。

——山の奥にお寺でもあるんじゃろうか？

お墓の横をすり抜けて、下草を踏み、樹々の間へ入っていった。

犬は嫌がらず、むしろ進んで前を歩いていく。自分と同じように、読経の声に興味を惹かれているようだった。

どういうわけか、斜面を登ることなく、ほとんど平坦な地面を踏んでいた。

犬と一緒にどんどん歩く。

声が次第に近づいてきた。

「……爾時世尊 諸根悦豫 姿色清浄 光顔巍巍 尊者阿難 承佛聖旨 即従座起 偏袒右肩 長跪合掌 而白佛言 今日世尊 諸根悦豫 姿色清浄 光顔巍巍 如明浄鏡 影暢表裏 威容顯耀 超絶無量 未曾瞻覩 殊妙如今 唯然大聖 我心念言……」

気づけば、周囲を竿石に囲まれていた。何千何百という数の墓が、木立ちの間を埋めて建てられている。

まだまだ奥へ進めそうであった。

お坊さんの姿は見えない。厳《おごそ》かな読経の声だけが響き、暗い森の中はかえって深々と静まった。

「……佛告阿難 乃往過去 久遠無量 不可思議 無央數劫 錠光如來……」

彰さんは立ち止まった。犬も肢を止めた。

一人と一匹、目と目を合わせると、意思の疎通が出来た気がした。

――これ以上行くのはやめておこうか？

そこで踵を返して、元の道に戻った。

翌日の夜、再び同じ道を散歩したけれど、その場所に行ってもお経は聞こえてこず、墓は三基だけで、木立ちの間は平坦ではなく、斜面になっていた。

樹々の間に無数の墓があるようにも思えなかった。

そのとき初めて怖くなった。

あのまま森の奥深くへ行っていたら、戻れなかったのかもしれないと思ったのだ。


当時、彰さんと彼の愛犬が散歩していた道は、今では確認できない。それらしい道の痕跡はあるのだが、キャンパス誘致に伴う土地開発が進んで形が変わってしまったようだ。

しかし、この地の取材で少し興味深いものを見つけた。

森の奥に、寺院ではないが、神社があったのだ。

瘡神社という。瘡の一字で「かさがみ」と読む。かつては罹《かか》れば命取りにもなった疱瘡《ほうそう》や天然痘《てんねんとう》からの守護や治癒を祈念《きねん》して建てられた神社である。

今でも地元の人々から愛されているようで、進学や就職の合格祈願の千本幟《のぼり》が参道に立ち並んでいた。

疱瘡や天然痘の平癒《へいゆ》を願って建てられた神社は、日本各地にある。

岡場所があった宿場町などには、瘡毒《そうどく》と呼ばれた梅毒除けの神社もあるが、多くは天然痘が猖獗《しょうけつ》して死者が大勢出た土地に建てられているようだ。

変わったところでは、同じ広島県の広島市にある疱瘡神社の例が挙げられる。

ここの縁起には、こんな逸話が書かれているのだ。

平《たいらの》　清盛《きよもり》と側室、常盤御前《ときわごぜん》の間に生まれた愛娘は美貌の少女で、「天女姫」と呼ばれるほど容色に優れていた。

ところが、姫は一三、四の頃、残念なことに天然痘に罹ってしまった。

清盛は手を尽くして姫を救おうとしたが、医者には匙《さじ》を投げられた。そこで、かねてから信心していた宮島《みやじま》の厳島神社《いつくしまじんじゃ》に姫を伴って参拝し、全神仏に病の平癒を祈願した。

しかし願い叶わず、姫は儚《はかな》く命を落とした。

清盛は姫の死を悼み、亡骸を葬る場所を神に問うた。

そして、お告げがあったところに姫を埋葬した上で神社を建てたのだという。

――姫と同じように天然痘で死んだ市井の人たちが、かつて無数にいたことだろう。

瘡神社付近で彰さんが聞いた読経と、数え切れないほどの墓の幻影が、切なく胸に迫る。

# 花火の夜

広島県三原市で有名な夏のお祭りといえば「やっさ」である。

一般には、三原やっさ祭りと呼ばれている。発祥を一六世紀に遡《さかのぼ》る、歴史のある行事だ。毛利《もうり》元就《もとなり》の三男、小早川隆景《こばやかわたかかげ》は戦国時代の智将として知られ、備後国の三原湾に浮かぶ小島を繋いで海城を築き、瀬戸内海の水軍を統率した。

やっさは、この海城の完成を祝ったのが始まりだと伝えられている。

三味線、太鼓、笛の音に乗って、身分を問わず老若男女が入り交じって歌い踊る宴が、いつしか伝統のお祭りになったのだ。

「やっさ、やっさ」の掛け声が特徴だが、実は湯河原《ゆがわら》やっさ、池袋《いけぶくろ》やっさなど、類似の掛け声を伴う祭りは他にもある。

しかし、規模の大きさと歴史では、三原やっさ祭りが一番だ。

昨今は、やっさ踊りの日に合わせて花火大会や夏祭りも開かれている。

わけても花火大会は、市内糸崎港《いとざきこう》から六千発も打ち上げられるので、人気を集めてきた。

三原生まれ三原育ちの彰さんの一家は、毎年この花火大会を自宅から見物してきた。

小高い丘の斜面に建つ家で、打ち上げ場所の糸崎港まで車で一五分ほど離れていたが、そこから一階の居間まで視界を遮るものが無く、夜空に咲く花火の全景が見渡せたのだ。

港で押し合いへし合いしている人たちがこれを知ったら、なんと贅沢な……と溜息を漏らしたに違いない。冷房の効いた涼しい部屋で、大人はビールを一杯やりながら、子どもたちはアイスを舐めたり菓子をつまんだりしながら、打ち上げ花火を眺めるのである。

そのときは、彰さんが一一歳の頃の八月中旬、たしか金曜日の夜だった。

物心ついた頃から毎年そうしてきたように、昼は子どももやっさに参加して、家族全員で沿道の屋台を食べ歩き、お好み焼きや焼きそばなどを買って、花火に間に合うように帰宅した。

打ち上げは夜八時からで、その前に風呂でサッパリして居間に行くと、すでに飲み物や食べ物がテーブルに用意されていて、窓のカーテンも全開になっていた。

両親と三歳になる弟と彰さんと犬、みんなが居間に集まった。

「花火が始まるまで、プロレス中継を見よう」と父がテレビを点けた。

彰さんは『太陽にほえろ』という刑事ドラマが見たかった。父と話し合って、コマーシャルごとにチャンネルを切り替えて交互に見ることになった。

そのうち、花火大会が始まった。

群青《ぐんじょう》の空に大輪の花が眩しく開きはじめると、彰さんはテレビを見るのを中断して窓辺に駆け寄った。

丸くて大きな菊花《きくか》や牡丹《ぼたん》、金色《こんじき》の雨を降らせるしだれ柳《やなぎ》……。

四人で歓声をあげて愉しんでいたが、突然、夜空が暗く鎮まった。

花火が止むには早すぎる。まだ序盤だ。

「八時半にもならんのに、おかしいのぉ」

「何か事故でもあったたんじゃろうか？」

両親が首を傾げて、そんな会話を交わした。

彰さんは残念でならず、「上がれぇ、上がれぇ」と念じながら、窓辺から港をじっと見つめた。

この家と港の間の平地には町並みが広がっている。ネオンや家々の窓の明かりが宝石のように輝いて美しかった。その向こうに暗い海を抱いた港があった。

眺めているうちに、町並みの上に巨大な男の形が現れた。

目を瞑《つむ》って仰向けに寝そべっている、短髪の男だ。半袖に長ズボンといった普通の夏服を着て、はっきりと人間の格好をしているが、街の明かりが半ば透けて見えた。

巨人が、町全体を体の下に敷いて、穏やかに眠っているようだった。

「変なものがおる！　あそこを見て！」

「どこ？　何がおるって？」

両親に指差して伝えたが、父も母も首を振って、「何もおらんよ」と言った。

そのとき、糸崎港に向かって、救急車とパトカーが走り抜けた。

途端に、巨人の姿は消えてしまった。

その夜、花火大会は再開されず、翌日の新聞に花火師の男性が亡くなったという記事が載った。打ち上げ作業中の事故で重傷を負い、そのまま息を引き取ってしまったそうだ。

あの巨人は、亡くなった花火師の魂だったのかもしれない。彰さんには、そう思えた。

# 夜叉神峠の怪

南アルプスの夜叉神峠《やしゃじんとうげ》は鳳凰《ほうおう》三山の登山口で、絶景を誇る展望台があり、山小屋も完備されていることから夏季には多くのハイカーが集うが、一〇〇〇メートルを超える標高ゆえに冬季は一般的なハイキングには不向きとなる。

甲府《こうふ》駅と登山口を結ぶバスも冬場は運休する。

実質的にほぼ閉山する晩秋から春先は、峠の改修工事のシーズンだ。

平成の中頃に、夜叉神トンネル付近の林道を改修したことがあった。

比較的大規模な工事だった。山深いトンネルのそばに飯場《はんば》を三棟建て、それぞれ、事務所、休憩室、宿泊所とした。山梨県庁の担当者と土建会社のスタッフ、合わせて五、六名がそこに常駐し、作業員の一部も必要に応じて寝泊まりしていた。

日によって雪がチラつく一一月下旬の黄昏に、軽装の女が二人、霜柱を踏んで登ってきた。

初夏の装いで登山の装備も無く、明らかに異様だ。しかも何を訊いても口をつぐんでいる。

それから間もなく、今度は山頂の方から背広姿の男が下りてきた。革靴を履き、コートは着ていない。つまり都会のビジネスマンの風体である。

女たち以上に違和感が激しい。

すでに日が暮れており、これから下山させれば彼らの命の保証はない。

たまたま地元の猟師が飯場で休憩していた。彼は信頼のおける年輩の知恵者《ちえしゃ》で顔なじみだったから、県の担当責任者が、今夜はこの三人と一緒にここに泊まってくれと頼んだ。

やがて夜が過ぎて、朝が来た。

早朝、若い作業員が事務所に走り込んできて、現場で異変があった旨を報告した。

林道沿いの法面に流し込んだ生乾きのコンクリートが、夜のうちに、大小の動物によって踏み荒らされていたのだ。そばに停めてあったミキサー車も横倒しなっていた。

昨日の三人を泊まらせた部屋に行くと、猟師が呆然とした顔で立ち尽くしていた。

三人の姿は見えず、蒲団や床に黒っぽい獣の毛が無数に散らばっている。

「奴らは一睡《いっすい》もせんと、無言で蒲団の上に正座しとった。俺がどんなに寝ろしべぇと諭してもきかねえ。好きにせいと言って電気を消して眠ったが、暗がりでも正座してたべな」

猟師からこの話を聞いて飯場の人々は震えあがり、夜叉神の祠に手を合わせに行った。この辺りでは昔から、土砂崩れなどの災害を「夜叉神祟り」と呼んで畏《おそ》れてきたのだ。幸い山の神は怒りを鎮めたようで、以降は何事もなく、工事は無事に完了した。

# 飛び出してきた女

今はもう後進に道を譲って隠居の身になったが、勝平《しょうへい》さんは数年前まで水道屋を経営していた。つまり上水道工事を専門で請け負う会社を自ら起業して、静岡県の東部エリアを中心に働いていたのである。

保護司《ほごし》と交流があったことから、一〇人いた従業員は全員、刑務所か少年鑑別所上がりで、気の荒い者が少なくなかった。しかし勝平さん自身も元不良少年だったから、そんな連中の方がかえって馬が合ったのだ。

いかつい強面《こわもて》だと世間で思われているのを自覚していて、そんな俺だからうちの連中を手なずけられるんだと自負していた。

風体は怖いが、彼は腕に自信のある職人気質《かたぎ》で、技術の研鑽《けんさん》にも励んでいたので、注文が途切れたためしがなかった。静岡東部では業界トップの水道屋だった。

今から三〇年ほど前、バリバリ働いていた四十代の頃のこと。

ある晩遅く、同居していた母が突然激しい腹痛を訴えた。

母は高齢で持病もあり、危ないと思った。救急車を呼ぼうと一一九番に電話を掛けたが、「容体は？　年齢は？」などと質問ばかりされて埒《らち》があかない。そこで無理矢理、当番医のいる病院名を訊き出した。自分の軽トラで母を搬送《はんそう》しようと思ったのである。

勝平さんの家は静岡県熱海市内にあり、その病院は県内田方郡《たがたぐん》の函南町《かんなみちょう》にあった。車で三〇分弱の距離だ。

「おふくろ！　頑張れよ！　飛ばしてくからよ！」

軽トラの助手席に母を乗せたのが午前二時頃。

スピード違反は承知の上だった。すぐに熱函道路《ねっかんどうろ》に乗り入れた。

熱函道路とは、熱海市笹尻《ささじり》から函南町下丹那《しもたんな》を結ぶ、約六・七キロのバイパス道路だ。

現在は無料開放されているが、三〇年前の当時は有料道だった。

料金所の付近に緩い左カーブがある。

「おふくろ！　このカーブを越えたら、あと五分だ！　じきに着くから頑張れ！」

「少し静かにしておくれ。まだ死なないから」

左カーブを回っていく……と、そのカーブの頂点に差し掛かったとき、赤い服を着た女が目の前に飛び出してきた！

彼は咄嗟《とっさ》に急ブレーキを踏んだ。

タイヤが軋んで悲鳴をあげ、あらぬ方向にフロントが向いた。九〇度回って車は止まったが、気づけば母はフロントガラスに頭を打ちつけて額の生え際から出血していた。

「あのアマ、ただじゃおかねえ！」

轢いていないことはわかっていた。車から降りて女の姿を探したが、見つからなかった。腹立たしかったが、母はハンカチで傷を押さえて「ホントに死にそうだよ」と呻《うめ》いており、とにかく病院に行くしかなかった。

病院で診てもらったところ、母の傷は浅く、腹痛も、冷えかストレスが原因で、あまり心配がないとわかった。

朝焼けの道を、母を連れてゆっくりと帰った。

「おふくろ、どう思う？　夜中の二時過ぎに車の前に飛び出すなんて、死ぬつもりに違いねえよな？　でなきゃ頭が変なのか、変でおまけに死にてえのか、だよな？　あの時間のあの場所じゃ、一時間に二台か三台しきゃ車が通らねえ。わざわざ待っていて、俺たちが来たから飛び出してきたに決まってる！」

「赤いワンピースを着ていたような気がするねぇ……。晴れ着かね？」

「知らねえよ！　慰謝料ぶん取ってやりてえ！」

「そんなたいした怪我じゃないよ。事故にならなくて幸いだった」

実際、三日もすると、母はすっかり元気を取り戻した。

母が心配で仕事を終えると真っ直ぐ帰宅していた勝平さんだったが、四日目、もう大丈夫だろうと安心して、帰りがけにラーメン屋に立ち寄った。

いきつけの店だ。ビールを飲むつもりで、軽トラは事務所に置いてきた。

のれんをくぐって中に入ると、カウンター席に座っていた男と目が合った。

「勝平？　偶然だなぁ！」

「……竜郎《たつお》か！　マジか！　ここよく来る店なんだよ」

「俺は初めて。勝平に会うの、何十年ぶりだろう？」

十代の頃の悪友、竜郎と思いがけず再会したのだ。

「昔はよく二人でバイク飛ばして遊びまわってたよなぁ。懐かしいな！」

「勝平、おまえ今何やってんの？」

「水道屋さん。これでも社長なんだぜ。竜郎、おまえは？」

「散々悪さをしてた俺だけど……実は刑事なんだよ！」

「マジで？　おまえなんかでも刑事になれるのかよ？　すげえな！」

如何にして更生したか、お互いに自慢し合った。昔話に花が咲き、長いこと会話していたが、そのうちおしゃべりの種が尽きてきた。

そこで、勝平さんは熱函道路での一件を話すことを思いついた。

「あのさ、つい最近のことなんだが、おふくろが急病でね……」と、経緯を詳しく説明したところ、竜郎さんの反応が予想していたのと違った。

呆気に取られたようにポカンとした表情を見せたかと思うと、「おまえもか」と呟いたのである。

「おまえもかって何だよ？　滅多にないようなことを話したつもりだけど？」

「そうだよな。だけど、三島《みしま》管轄と熱海管轄の交通課に、同様の事故報告が上がってるんだよ！　どれも単独の交通事故で、深刻な被害は出ていないんだが……」

――熱函道路を通行中に、真っ赤なワンピースを着た女が飛び出してくる。

――時刻はきまって、午前二時から三時の間。

「去年から今年にかけて、熱海署の交通課で、まずは二件。運転していた若造が軽い怪我をした件と、無傷だったが擁壁《ようへき》に突っ込んで物損事故になった件で、どちらも運転者が事故直前に赤い女を見たと証言した。交通課の奴らは、事故ったのがカッコ悪いから口裏を合わせて嘘を吐いてるんじゃないかと初めは疑った。でも、事故を起こした者同士には接点が無かったんだ。だったら、まったく同じ話を作るのはおかしいじゃないか？」

「俺は本当のことしか言ってないよ！」

「わかってるよ。……それから、ひと月ばかり前に、同期の刑事が熱海署から三島署に異動した。三島警察署は函南町からも近い。すると、数日前に熱函道路で事故を起こしたと申告してきた人が現れたというんだ！　赤いワンピースを着た女が飛び出してきたから、避けようとしてハンドルを切ってしまった。擁壁に擦って車の塗装が少し傷ついただけだったので黙っていたが、あの女のことが気になって仕方がないので報告しに来た……と、こういう話を同期の奴から聞いた」

そこで竜郎さんは交通課の記録を調べてみた。すると、同じ状況で起きた事故の報告が幾つも出てきたのだという。

「どれも事故現場が同じ場所。午前二時から三時までの間に、赤いワンピースの女がそこに現れて、事故を誘発する。たぶん悪質なイタズラだよ。赤いワンピースを着て、車を待ち伏せするバカ女がいるんだろう。でも、俺たち警察は、被害届《ひがいとどけ》が出ないかぎり通常は出動しないものなんだ。そのうち死人が出るかもしれないけど、お手上げだよ」

「被害届？　おふくろが頭から血ィ出した程度でも出せるか？」

「……出せる！　その手があったか！　勝平が被害届を出したら、俺が捜査するよ！」

勝平さんは熱海署に被害届を提出し、竜郎さんが受理した。

それから一ヶ月ほど経ち、忘れかけていた頃に、例のラーメン屋で、またしても偶然に竜郎さんと来合わせた。

当然、赤い女の件を聞くことになった。

「俺は今、刑事課で班長をやっていて、数人の部下を動かせる立場にいる。勝平の被害届を受理すると、すぐに行動に移したんだ……」

難しい案件ではないと思われた。

対象人物は女性。しかも時間帯と場所が特定されている。

張り込めば、簡単に捕まえられると確信していた。

「いつも手ぶらで現場に現れることから、おそらく容疑者は近隣住民。これまでの証言から、若い女だということも推測できた。精神を病んでいる可能性もある。俺は、犯人の親が責任を取って謝罪、本人は精神科に措置《そち》入院させるのが、落としどころだと考えていた」

竜郎さんは、さっそく部下四人を連れて張り込んだ。

四人を散開させて、問題の事故が多発している現場の四方を固めた。

深夜午前二時七分、部下たちから無線が入った。

「被疑者と思われる女性確認！」

「こちらからも確認できます」

竜郎さんは、「よし、逃げられないように間合いをつめろ！」と指示を出した。

道路際のガードレール近くに女が佇んでいた。彼と部下たちは足音を忍ばせて包囲の輪を狭め、充分に近づくと一斉にサッと懐中電灯を点けて女を照らした。

強い光を当てられても、女はうつむいたまま、じっとしていた。

長い髪で顔がほとんど隠れている。ふんわりと裾が広がったノースリーブのワンピースは燃え立つような赤。華奢な体つきや腕の肌の質感から、十代後半から二十代の若い女だと推測できた。

竜郎さんが、女に話しかけた。

「こんばんは、お嬢さん。こんな時間に、こんな場所で……」

何をしているのかと問うつもりだった。

「ところがそのとき、目の前にいた女が煙みたいに消えたんだ！」

女は、スウッと姿を薄くしたかと思うと、蒸気のように空気に溶けた。

「俺たちは、懐中電灯でお互いの顔を照らしたよ。全員、開いた口が塞がらない状態だった。大の男が、みんな血の気が引いた顔をしちゃってさ……。俺は頭を抱えた。まさか、報告書に犯人はオバケでしたなんて書けないだろう？」

仕方がないので、竜郎さんは口頭で上司に事の次第を伝えた。

呆れられて叱責を受けるだろうと予想していたのだが。

「ご住職を紹介してくれたんだ。警察に長年勤めてると、いろんなことがあるもんさと慰められた。昔から熱海署でいろいろ相談してきた寺がある。そこに行ってご住職に話してみなさいって……。だからすぐに四人の部下を連れて行ったよ」

住職は赤いワンピースの女性の供養を引き受けた。竜郎さんと四人は手を合わせて線香をあげ、住職の読経を聞きながら、彼女の御霊の安らかなることを祈った。

「……じゃあ何か？　俺とおふくろも幽霊を見たってことになるのかい？」

「そういうことだな。でも、これで成仏したから、もう出ないよ」

# 軽井沢の寮

この本の読者さんの中には、八〇年代にはまだ生まれていなかった方もいらっしゃることと思う。私は一九六七年生まれだから、八〇年代は思春期から青春時代にあたる。

先日、漫画家の山田玲司《やまだれいじ》さんがツイッターに「軽井沢シンドロームが生まれた八〇年代前半はこの国が幸福の頂点にあった奇跡の時代です」と書かれていた。

そうかもしれない。もちろん当時も悲惨な事件や災害はあったし、不幸な人は大勢いたはずだが、社会全体の雰囲気はおおむね明るかった。

高度経済成長期を経て、世界の富の頂点に日本は立とうとしていた。前の世代よりも暮らし向きが上向いてあたりまえと信じる風潮があり、インターネットや携帯電話は存在せず、社会は今よりずっとシンプルだった。

たがみよしひさの漫画『軽井沢シンドローム』が登場したのは一九八一年。じわじわと人気を集め、一時は若者の必読書だった、と言ったらおおげさだろうか。

かく言う私も読んでいた。仲間内では「軽シン」と呼んでいたような気がする。

軽シンは、軽井沢を舞台にした個性的な若者たちの群像劇だ。破天荒な登場人物が多く、主人公は元暴走族の総長でヌードカメラマン。しかし作風は飄々《ひょうひょう》として、暴力よりも性愛を、性よりも愛と友情を志向していた。頓智《とんち》のきいたコミカルな台詞も洒落ていた。あの時代の軽井沢を背景にした点も、評価に繋がっていたのではないかと私は思う。

避暑地としての軽井沢の歴史は明治時代に遡るが、一定の清廉《せいれん》さと品格《ひんかく》を保ちながら、遊興や宿泊、観光に資するインフラを整備してきた。

軽井沢が高級感を維持したことには、上皇・上皇后両陛下の「軽井沢の恋」の影響もあったかもしれない。一九五七年の夏、軽井沢のテニスコートで当時の明仁《あきひと》殿下と正田《しょうだ》美智子《みちこ》さまが初めて出逢われた逸話は、ご成婚以降、長く国民に愛された。

戦後の経済成長に伴い、庶民にとっての軽井沢は、ハイクラスな別荘地とお洒落な観光地という二つの顔を持つに至った。いずれにしても汗臭い生活の場ではなく、八〇年代初頭の若い軽シン読者が憧れたモラトリアムの幻想にぴったりだったのではないか。

——さて、枕詞《まくらことば》はここまでにして本題に入る。

一九八二年、軽井沢の某リゾートホテルで、夏季限定の学生アルバイトを募集した。募集対象は大学生で、約三四〇人の採用が予定されていた。大勢の仲間と共に、七月下旬から九月初旬までの最長一ヶ月余り、やる気次第で夏休み期間をまるごと一流リゾートホテルで働きながら過ごせるのだ。寮が完備されており、週に一度は休日もあるという。

その頃、群馬県在住で県内の大学に在籍していた秀之《ひでゆき》さんは、大学構内に貼られたこの募集広告を見て飛びついた。

彼女がいない大学三年生で夏休みの予定は何もなく、実家からの通学生だから親もとを離れて暮らすことへの憧れもあった。

おまけに軽井沢だ。家から近いのに親と山歩きしに行ったぐらいで、軽井沢の最大の肝と言うべき高級な場所には足を踏み入れたことがなかった。一泊何万円もするリゾートホテルに泊まれるわけではないにせよ、その世界を垣間見《かいまみ》られるに違いない。

——やっぱり休日にはテニスをしたりするわけだろうか？　いいな、軽井沢！

さっそく秀之さんは応募して、東京都内の面接会場へ足を運んだ。

しかし、電鉄会社系の巨大なビルのワンフロアに集った学生たちを見渡すと、少しばかり気後れしてしまった。みんな垢抜けていて、おまけに聡明そうな顔つきをしていたのだ。

待ち時間に、恐る恐る隣にいた青年に話しかけて、どこの大学の学生か訊いてみた。

「〇〇大学だよ。ホテル研究会というサークルに所属してるんだ。きみもここに就職することを考えてるのかい？」

「このホテルに？　いや、僕はまだ何にも考えていなかった」

「そうなの？　ここのホテルグループが青田買《あおたが》いする気なんだろうって噂だけど」
○○大学と言えば、金持ちのお坊ちゃんが多いことで有名な私立の名門校だ。偏差値も自分が通っている大学より高い。賢く見えるのではなく、実際に頭がいいようだ。
――青田買いだって？　思いつきもしなかったよ！

秀之さんはこのアルバイトには採用されないかもしれない、と悲観しはじめた。周囲の学生たちより自分が劣っているような気がしたばかりでなく、ほどなく、ここにいるのが応募者全員ではないとわかったからだ。

優に千人を超える人数が集まってしまったので、面接試験を複数の会場に分けて行っているというのである。上位三分の一弱に喰い込むのは容易ではない。

ところが蓋を開けてみたら、しっかり合格していた。

七月二〇日に現地集合し、当日は説明会とホテルの見学、寮の部屋割りが行われた。

気品を感じさせるホテルの建物。手入れの行き届いた緑の庭園には、高原ならではの涼しく澄んだ大気が満ちていた。説明会に現れたフロントマンはじめホテルスタッフは、制服がビシッと決まっており、ひとつひとつの動作が洗練されていた。

だからこそ、最後に案内された男子寮を見たときの衝撃は甚大《じんだい》であった。

——とんでもないボロ家だったのだ。

粗末な木造の平屋《ひらや》で、庇《ひさし》が曲がり、雨どいは壊れていた。外壁の塗装に亀裂が走り、なんとなく全体に傾《かし》いでいるようでもある。知らなかったら廃屋だと思ってしまうだろう。

さきほど見たホテルの美しさと落差がありすぎて絶句してしまった。

ホテルから一緒にマイクロバスに乗せられてきた他の男子学生たち二十数名も明らかに動揺し、一斉に不安そうな顔になっていた。

古いだけではない。この建物は小学校の体育館程度の大きさだ。……小さすぎる。

初めのうちは大丈夫だ。約三四〇人の学生アルバイトのうち、夏休みをまるごと捧げる者は、秀之さんを含めて約五〇人しかいなかった。しかし、今日の第一陣に続き、明日以降、第二陣、第三陣……と人数が増えていく予定なのだ。

最終的に、男子は約一二〇人になる見込みだった。

古くて狭い建物で、窮屈な思いをする羽目になりそうだ。

しかも、この付近には商店やテニスコートなどの遊興施設が全然なかった。ホテルからは六キロ以上離れており、周囲は深い森である。

建物の中へ入ると、いっそう気分が沈んだ。木製の下駄箱はささくれだち、廊下に敷き詰められた緋毛氈《ひもうせん》みたいな絨毯《じゅうたん》は黒いシミだらけでカビ臭かった。

さらに衝撃的だったのは、共用トイレに男性用の小便器が一つもなく、しかも個室の便器が和式ばかりだったこと。秀之さんは和式便器で小便をしたことがなかった。

「ここはかつて、スケートリンクの女子従業員用に建てられた宿泊施設だったそうです」

と、なんだか申し訳なさそうに案内係が事情を説明した。ちなみに、今回のアルバイトの女子はホテルのそばの新しい建物に滞在するとのことで、不公平だと思った。

赤い絨毯の廊下の両サイドに、ずらりと部屋が並んでいた。

廊下を挟んでドアが向かい合わせになっており、数えてみたら合計一四室あった。

各部屋には、二〇号室から三三号室までの番号が付いている。

「部屋は相部屋です。一部屋につき五、六人ずつ入っていただきます。では、これから各部屋番号とお名前を読みあげますので、呼ばれた方から順にお部屋に入って休憩してください。夕食まで自由時間になります。……部屋番号二〇番、〇〇××さん……」

秀之さんの部屋は三二号室で、出入り口から向かって左側の、廊下の奥だった。

真向かいの三三号室を含めて、廊下の向かい側の七部屋は全部空いていた。明日から少しずつ埋まっていくのだろう。一部屋ごとの定員も増やされていくと予想される。

各部屋のドアの上に、番号が記された小さな電灯が付いていた。白いガフスに黒い塗料で印字されただけの素朴なパネルが壁に埋め込まれ、室内のスイッチで操作する仕組みだ。これは、一人でも部屋にいるときは、必ず点灯することが強く推奨された。

他にも、室内から施錠《せじょう》することは可能だが、合鍵を配らないので、就寝時間以外は鍵を開けておくように、という指導も受けた。

今の常識に照らせば不用心きわまりないが、昭和時代には玄関に鍵を掛けない家も多く、秀之さんもそれについては疑問を抱かなかった。

部屋はどれも一二畳の和室で、折り畳み式の卓袱台《ちゃぶだい》と押し入れがあった。

その夜、トイレに行ったとき、廊下のこちら側のパネルはどれも明るく光っているのに対して、向かい側のパネルの列が暗く沈んでいるのを見て、なんだか寂しい印象を受けた。

翌日から仕事が始まった。

朝七時半に寮の前にマイクロバスが迎えにきて、ホテルに到着したら、まずは私服のまま社食で朝食。九時に「ステーション」と呼ばれる従業員の詰所に行って制服に着替えたら、一〇時以降、一七時頃まで、客室清掃、ベッドメイク、落ち葉掃きなどや、ステーション内での事務作業をする。

昼食と夕食も社食で供《きょう》されるから、基本的には金が掛からないが、いつも遅くとも一八時半までには帰寮《きりょう》できたので、夜、街に出掛けて散財してしまったこともあった。

早番の日が週一回あり、その日だけは朝六時までに出勤して、客室に朝刊を配達しなければならなかったが、若い盛りで体力があったせいか、楽なものだった。

非番が重なった者同士で誘い合わせて山や湖で遊ぶうちに、同室の者たちを中心に仲間が出来た。

秀之さんは聞き役に回ることが多かった。東京のキャンパスライフに興味があったのだ。

彼以外、全員が都内の大学生だった。しかし好人物が多く、誰にも馬鹿にされなかったし、羨ましいなぁと思うことはあっても、引け目を感じることも滅多になかった。

ここで知り合った学生のうち数人とは、現在まで何十年も親交を温めている。

夏が深まるにつれ、アルバイトの人数が増え、寮の空室が埋まっていった。

その頃になると、空室は施錠されていることに気がついていた。

学生に合鍵を貸与していないだけで、ホテル側で鍵を管理しているに違いなかった。

気になるのは、真向かいの三三号室だけが、未だに空室のままであることだ。

アルバイトの人数は日増しに増え、部屋ごとの定員が徐々に増やされて、八月初旬からは、とうとう一〇人になった。

これ以上人数が増えないということだったが、一二畳に一〇人で蒲団を敷きつめると、満足に通路も空かない。ちょっと嫌になってしまうときもあった。

「なあ、どうして向かいの部屋を使わないいんだろう？　不思議じゃない？」

「たしかに。三三号室を開けてくれたら、じゃんけんで勝った奴から移ろうぜ」

「雨漏りするんじゃない？」

「何か、いわくつきの部屋だったりして……」

やがて、三三号室は「開かずの間」かもしれないと言い出す者が現れた。

そんなある日のこと、秀之さんが仕事を終えて帰ってくると、向かいの部屋のパネルが点灯していた。

「おい、お向かいの三三号室に、誰か入寮してきたみたいだな？」

「いや、そんなはずはないよ」「誰も来てないよ」と、その日は非番だった二、三人が口々に否定した。

「俺たち、ここでずっと麻雀やってたもん。誰も来なかったよな？」

「でも今、ドアのパネルに電気が点いてたよ」

みんなで廊下にドヤドヤと溢れ出して、向かいのパネルを確かめた。

点いているのである。青白い光が微かに瞬きながら放たれている。

「ノックしてみようよ。点いてるのを発見したヤツがやるべきじゃないか？」

仕方なく秀之さんは三三号室のドアを拳で軽く叩いて、「あのぅ……」と声を掛けた。

返事がない。

ドアノブを掴んで回そうとすると、硬い手応えがあり、びくともしない。

鍵が掛かっているのだ。そこで少し考えて、思いついたことを口にした。

「ひょっとしたら、ホテルの人が来て電気を点けて、帰るときに消し忘れたのかな？」

そうかもしれない、と、みんなも賛同して、その場はおさまった。

しかし翌朝、出勤の際に向かいの部屋のパネルを確認したところ、明かりが消えていたので、再び奇妙な心地がぶり返してしまった。

だが、この時点では、

「夜のうちにホテルの人が来て、鍵を開けて入って、パネルを消灯していったのかも……」

などと少々無理がありそうな推理を述べる者もいた。

一方、こんな不気味な報告をするのもいた。

「僕は、最初の頃から、三三号室のパネルは夜になると点灯して、朝には消えてたような気がするんだよね……」

件のパネルのスイッチは室内にしか存在しないのである。

「アルバイトが始まった頃から、夜になると誰かが三三号室に泊まってるってことか？」

「空室はどれも施錠されていた。三三号室もドアが開かないか試したことがあるよ。開かなかったけど……部屋の中からドアに鍵を掛けていたのかな？」

「何者にせよ不気味な奴だな。挨拶もせず、引き籠もっているなんて」

「うーん、何か変だなぁ。居留守を使うなら、パネルを点けなければいいじゃないか？」

秀之さんたち三一号室のメンバーは、それから事あるごとに三三号室に注目した。

数人がかりで毎日こまめに観察していると、たいへん規則正しく、パネルの電気が夜には点き、朝には消えることが明らかになった。

また、全員、部屋を出入りするたびに、向かいの部屋の施錠を確認した。

秀之さんも、帰寮したときにガチャガチャ、風呂から戻るとガチャガチャと、試しに三三号室のドアノブを握って捻《ひね》っていたが、常に鍵が掛かっていた。

八月も中旬を過ぎたある日の夕方、彼はいつものように大浴場から戻ってくると、向かいの部屋のドアノブを掴んだ。

そのとき彼には一人連れがいた。

シフトが重なった同室の仲間と一緒に風呂を浴びに行ったのだ。

「だんだん飽きてこない？」と連れが後ろで苦笑いした、その瞬間——


ガチャッ。


——鍵が外れた。

秀之さんはドアノブから手を離して、連れの方を振り向いた。

内開きのドアが自然に開いてゆく。彼が仲間を振り向いたその間にも、室内に吸い込まれるようにゆっくりと隙間を広げた。

連れが両の眼を大きく開いて、顔を引き攣らせた。

「え?」と秀之さんは呟きながら、部屋の方に向き直った。

部屋の真ん中に、ひと組の蒲団《ふとん》が折りたたまれている。

その傍らに、花瓶に挿された素朴な菊の弔花《ちょうか》があった。

白や黄色の悔《く》やみ花……と思った直後に、幻が消えて、花束は茶色く干からびた。

彼はすぐに悲鳴を上げてドアを乱暴に閉めた。

そして、同じく悲鳴をあげていた連れと団子になって三二号室に転がり込んだ。

「今、向かいの部屋のドア、開いたんだけど!」

秀之さんが大声で仲間に告げたところ、すぐに一人がこう返した。

「嘘でしょ。さっき俺が確認したときは開かなかったもん」

また、別の誰かは、「電気は? 点いてた?」と秀之さんたちに訊ねた。

連れが首を振って「たぶん、消えてた」と答えると、

「じゃあ、とにかく行ってみようぜ!」と威勢の良いのが畳から跳ね起きた。

ところが、試してみたら、今度は鍵が掛かっていて開かない。

「おかしいなぁ。さっきは開いたのに」と秀之さんは首を捻った。

仲間の一人が「またまた！　怖がらそうとして」と、わざとらしい笑い声を立てた。

「でも、お墓や事故現場に供えるような花束が蒲団の横にあったんだよ……」

「嘘だぁ！」

必死で笑い飛ばそうとする奴と押し問答になりかけた——そのとき、三三号室のドアのパネルが点灯した。

声をあげる余裕すらなく、全員で自分たちの部屋に雪崩《なだ》れ込み、以来、真向かいの部屋については話すことすら仲間内ではタブーとなった。

秀之さんは、ホテルの上司に、一度だけこっそり訊いてみた。

「昔、あの寮で何かありませんでしたか？　……三三号室で」

しかし、上司は何も教えてくれなかった。

「ここの系列会社の女子寮だったが、老朽化したので間もなく取り壊す予定なんだ。古い建物で不便だったろう？　きみたちには済まないことをした。是非、来年も応募してくれたまえよ！　そのときは新しい寮に入ってもらえるから」

秀之さんは、翌年も再び同じホテルでアルバイトをした。

去年聞いたとおりに、あの寮があった場所は更地になっていて、今度は新築の建物に入れてもらった。

何があったのか知る由もないけれど、今でも枯れた弔花と蒲団があった、物寂しい景色が忘れられずにいる。

# 被爆校舎の想い出

優花《ゆうか》さんは長崎の被爆者三世だ。一二歳で被爆した祖父が一世、戦後生まれの父が二世だから、被爆体験を継承《けいしょう》している。さらに関連する話を聴いたり読んだりして、原爆の記憶を後世《こうせい》に伝えられるようになりたいと願ってきた。

しかし、うかつなことに、受験した高校の「被爆校舎」については、入学直前までその存在を知らなかった。

合格後、制服の採寸をしに行ったときに、こんなことがあって、初めてそれと知った。チャペルのある古い校舎に通され、他の子たちと二列に並んで順番を待っていたところ、隣にいた子が「ここって女子校だよね？」と話しかけてきた。

「そうよ」

「今、うちらぐらいの男ん子がそこにおったんやけど……」

十代半ばと見える坊主頭の痩せた少年が、チャペルの方に入っていったというのだ。

そのときは、誰かの兄弟がついてきたのだろうと考えた。そして、そちらに何か面白いものがあるのかもしれないと思い、採寸が済むと、チャペルの方へ行ってみた。

するとチャペルの出入り口の手前に、学校の歴史を紹介するコーナーが設けられていた。


そして、この建物が被爆した中学校を改修した、通称「被爆校舎」だとわかったのだ。

それだけではない。ここではかつて男子中学校が営まれており、原爆で大勢の男の子たちが亡くなっていることも知ってしまったのである。


——それなら、さっきん子が言うとった坊主頭の痩せた男ん子というとは、幽霊？

制服を採寸するにあたって女子校に同世代の兄弟を同伴するというのも、考えてみればちょっと変だ。


優花さんはオバケの類が苦手で、まさかと思いながらもゾッと背筋を凍らせた。

以来、彼女は、被爆校舎がすっかり嫌いになってしまった。

しかし、この建物にはチャペルの他にも食堂と図書室が設けられており、朝の礼拝から始まって、日に何度も足を踏み入れざるを得ないのだった。


高一の一学期に、チャペルで声楽のテストを受けたときのことは、忘れられそうにない。

チャペルの一階から螺旋《らせん》階段を上った遥かな高みにステージがあり、そこで歌ったのだが、ステージから下を見ると、教会の椅子がみっしりと人影で埋まっていたのである。

採点する先生は数人しかいらっしゃらない。それ以外の何百という人影は、すべて霞んだようにぼんやりとして、此《こ》の世《よ》のものとは思われなかった。

優花さんにとって幸いなことには、老朽化が進んでいたことから、被爆校舎は遠からず解体されることになっていた。

高二の夏休み後に閉鎖され、高三の一学期から解体工事が始まった。

解体前に映画研究部では被爆校舎の記録映画を制作し、秋の文化祭で上映会を開いた。

優花さんも他の生徒たちと一緒にそれを観賞した。

――そこには、チャペルに入っていく坊主頭の少年の姿がはっきりと映っていたのだ！

初めて被爆校舎を訪れたとき隣の子が見たのは、間違いなくこれだと思った。

やはり幽霊がいるのだ。

だから、解体工事が始まったときには、大いにホッとした。

その頃、彼女はちょうど音大受験を控えており、毎日放課後に、新校舎の四階にある音楽室でピアノの練習をしていた。

ある日、そのピアノの蓋に細い二本の薄汚れた脚が映り、驚愕して振り返ったところ、解体中の被爆校舎が視界に飛び込んできた。

それから間もなく、チャペルの真下から巨大な防空壕が見つかった旨が発表された。

遺体は発見されなかったとのことで、そこに逃げ込むことが出来ずに亡くなった人々の無念を優花さんは想った。声楽テストのときにチャペルで見た大勢の人影は、彼らの魂であったかもしれない。

昭和二〇年八月九日、長崎市《ながさきし》の鎮西学院中学《ちんぜいがくいんちゅうがく》は爆心地から五〇〇メートル付近で被爆した。鉄筋コンクリート四階建ての校舎は上層階が破壊され、各階内部が全焼した。校内にあった工場に動員されていた同校の生徒を含む一四〇名以上が亡くなったという。

被爆校舎が解体されたのは二〇一一年で、跡地に慰霊碑が建てられた。

優花さんが卒業した女子校は平和教育に力を入れており、被爆校舎の想い出を語り継いでいる。

また、戦後、諫早市《いさはやし》に移転して新たに鎮西学院高等学校として生まれ変わった旧鎮西学院でも、二〇一七年、平和祈念ミュージアムを開設し、爆撃直後の被爆校舎の写真や、当時のことを「阿鼻叫喚《あびきょうかん》の生き地獄」と書き表した学校教諭の日記などを展示している。

# 黄泉つかい

日本には西洋の死神に相当するものはいないと言われる。強いて探せば、仏教の死魔《しま》や「古事記《こじき》」の伊邪那美命《いざなみのみこと》、あるいは閻魔大王が死を司るという意味において近いだろうか。

もしくは、伊邪那美が放った黄泉醜女《よもつしこめ》や黄泉軍《よもついくさ》は、どうだろう?

黄泉醜女と黄泉軍は、伊邪那美が、逃げる伊邪那岐《いざなぎ》を追わせるために放った者たちだ。怪力を持ち、ひと飛びで千里を駆ける黄泉醜女。黄泉《よみ》の国に棲む鬼の軍団、黄泉軍。

神話では結局いずれも伊邪那岐の捕獲に失敗する。

しかし、さらに強力な死神が我々の現代社会に紛れていたとしたら……。

匡貴《まさき》さんが、他者の命を左右できる力の存在に気づいたのは、今からおよそ二〇年前だ。

彼はその頃二五歳で、二匹の犬を飼っていた。一匹はいつ寿命が尽きてもおかしくないほどの老犬で、一匹はまだ二歳だった。

どちらも気立ての良い犬で、彼に懐《なつ》いており、大事に飼っていたのだが、あるとき若い犬の方が病気になってしまった。

かかりつけの動物病院で診せたところ、すでに重症で、助かる見込みがないと言い渡された。延命治療のために入院させたけれど、もってあと四、五日と聞かされ、悲しくてたまらなかった。

せめて願掛《がんか》けでも……と思いつき、匡貴さんは近所の神社にお詣《まい》りすることにした。

彼はナイトクラブのマネージャーだったので、退勤はいつも深夜零時を回った。帰りがけに真夜中の神社に立ち寄りはじめて二日目、拝殿の前で手を合わせたときに、ある考えが頭に兆した。

――あの世へ連れていくなら、年寄りの方を持っていけ！

そう念じた直後、御社《おやしろ》の中が眩い光で満ちた。

輝いたのは一瞬で、すぐに消えたが、たしかに光った。

老犬は、その三日後に死んだ。代わりに、若い犬は奇跡的に快復して助かった。

願いは叶《かな》ったが、超自然的な力への畏怖《いふ》と罪悪感に、今でも苛まれているという。

老犬の死から約六年後、再び匡貴さんは死を司る力を目撃した。

六年前と違い、匡貴さんは昼の仕事に就いていた。結婚して子どもが生まれたのである。生活を一変させたことには、親友のKさんの影響もあった。

Kさんは七つ年上の三十八歳で、五歳の娘と三歳の息子、そして妻をこよなく愛する模範的な父親だった。自宅で小さな事業を営み、平日は懸命に働き、休みの日には家族や友人と海辺でバーベキューを楽しむ、そういう男だ。

マリンスポーツが趣味で、日焼けした顔は絶えず笑っていた。

匡貴さんもKさんも、広島県の沿岸にある同じ町内で生まれ育った。Kさんは、地元の憧れの先輩であった。家が近く、匡貴さんは彼を実の兄のように慕っていた。

それだけに、一年ほど前から気が揉めて仕方がないことがあった。

ここ一年ばかり、Kさんの妻子は、頻繁に怪我をしたり病気になったりしていたのである。それも毎回重篤《じゅうとく》で危うく死にかける。しかも、どちらかと言えば彼の妻よりも子どもたちの方が深刻な事態に陥りがちだった。

怪我や病気の原因に共通点は皆無であり、匡貴さんは密かに、呪《のろ》いや祟《たた》りの可能性を想像するようになっていた。だが、とてもではないが、明朗な現実主義者のKさんにそんなことは言えず、ハラハラしながら見守るしかなかった。

七月の、とある月曜日、Kさんから写真付きのメッセージがパソコンに送られてきた。

《いつもみたいにバーベキューしとったら、女子大生のグループと仲良うなったよ》

たまたま海岸に居合わせた女の子たちが、Kさん一家のバーベキューに参加したようだ。

添付された写真には、活発そうな若いお嬢さんとKさんの娘が、仲良くおさまっていた。

女子大生が五歳の女の子をヨイショッと抱きあげて、二人とも笑顔になっているだけの他愛もないスナップなのだが、匡貴さんはそこに異様なものを見つけて衝撃を受けた。

抱っこされたKさんの娘の下に、同じぐらいの年頃の子どもが写っているのだが、その子どもの姿だけがモノクロ写真のように灰色だったのだ。

おかっぱ頭で、なんだか古臭い感じのブラウスと吊りスカートを身につけている。

そして、冷たい表情で撮影者を睨んでいるその双眸に白目が無かった。

二つの眼は、真っ暗な深淵《しんえん》に繋がっているかのように、漆黒で満たされていた。

匡貴さんは急いでKさんに返信した。

《娘さんのそばに、この世の者じゃないもんが写っとる！　お子さんたち、いつも怪我や病気ぃしとるし、明日は仕事を休んでお祓いを受けにいかんか？》

すると、Kさんから電話があって、今から家に来て、どういうことか説明しろと言われた。

そこで、すぐに飛んでいって、呪いや祟りが子どもらの怪我などの原因かもしれないと前々から疑っていたことを伝えたのだが、なぜかKさんは機嫌を損ねた。

「……うちのことにあんまり口を出さんでほしいな。この写真にも何もおかしなもなぁ写っとらんのに、変な言いがかりをつけよって、どがいなつもりじゃ」

良かれと思って提案したつもりだったのに、怒った顔でそう返されて、何も言えなくなってしまった。

滅多に気を荒立てないKさんに、険しい表情を向けられた。このことの精神的な打撃は大きかった。また、Kさんには普通の写真に見えるらしいとわかって、それもショックだった。

だから数日後、Kさんの娘が脚を骨折したと聞いて、やはり……と思ったが、連絡を取ろうとはしなかった。娘さんは入院したらしい。かわいそうだが……仕方がない。

Kさん一家の受難はそれからも続いた。

そして、とうとう二ヶ月後、朝、匡貴さんが出勤しようと家を出たところ、目の前を救急車が横切っていった。

Kさんの家の方へ走っていく。

――こんどは坊やかな？　それともまたお嬢ちゃんかな？　お連れ合いかな？

悪い予感を覚えたが、とりあえず仕事に向かった。

しかし、どうしても気になったので、休憩時間にKさんの携帯電話に電話を掛けた。

彼は電話に出なかった。

胸騒ぎがして何度か電話したが、同じことだった。

そこで、夜、帰宅してから共通の友人に連絡して訊ねてみた。すると――

「Kさん、亡くなったよ。今朝、子どもが起こしに行ったら、もう蒲団の中で冷とうなっとったんだって」

――あのとき無理にでもお祓いを受けさせればよかった、と匡貴さんは後悔した。


さて、黒い眼の子どもは、黄泉から遣わされた者なのか、あるいは西洋の死神なのか。

それはわからないが、私はこの話を聴いて、たいへん後味の悪い推理を立ててしまった。

家族を心配されただけなのに、なぜKさんは不機嫌になったのか？

それにまた、最期を除き、どうしてKさんだけが怪我や病気を免れていたのか……。

# 本当にあった呪いの……

匡貴《まさき》さんは三一歳のときに新築の分譲マンションを購入した。勤務先の工場がある広島県某市市内で、駅からも近い、通勤に便利な立地の物件である。

思い切った買い物だったが、その甲斐はあったと確信していた。マンションは真新しくて美しく、間取りや広さも申し分なかった。カーテンなどの調度品は妻に選んでもらい、匡貴さんはいっそう仕事に励んだ。

大手電子機器メーカーの系列会社の製品開発と製造を行う工場で、彼は責任ある立場に就いていた。部下の大半は工場に隣接した独身寮に住む、一八歳から二十代前半ぐらいの工員たちだ。

彼らについて「使いづろうて苦労する」と愚痴をこぼす同期もいたが、匡貴さんはむしろ若い工員と馬が合った。彼は同期の中では出世頭で、未来は希望に溢れていた。

その頃は赤ん坊が生まれたばかりで、父親として家族の未来を築くのだという気概に満ちていたものだ。

二歳下の妻は、住まいを快適に整えることに喜びを見出しているようだった。赤ん坊は健やかに成長し、新居の生活は順風満帆《じゅんぷうまんぱん》のはずだった。ところが――

「マサくん、なるべく早う帰ってきてね。この部屋、夜になると何だか怖いんじゃ。テレビや電気が勝手に点いたり消えたりしよって」

入居から一ヶ月ほど経つと、妻が何やら怯えるそぶりを見せはじめたのだ。

「電気系統の不具合じゃろう。不動産屋に相談して点検させるよ」

「……そがいなことじゃない思うわ。このマンションに住んでる人たちから聞いた噂なんじゃけど、ここって病院の跡地に建てられたんじゃって。じゃけぇ……」

ここで暮らしはじめて幾らも経たないのに、今からこれでは先々が思いやられると匡貴さんは思った。

「病院で亡くなった人たちが祟っとるとでも？　そがいな噂に振り回されたらつまらんよ。耳を貸さん方がええ」

妻に対してはそう言ったものの、好奇心もあり、不動産屋に電気系統のトラブルに対処してもらうついでに、このマンションが建つ前にはここに何があったのか訊ねてみた。

「大きな総合病院です。でも、基礎を掘り起こして改めて整地した上で、しっかり杭打ちしてあるので、ちぃとやそっとの地震ではビクともしませんよ。どうぞご安心を！」

——病院いうなぁ、本当じゃったのか！

匡貴さんは、せっかく手に入れたマンションにケチをつけられたように感じた。

——じゃが、もう仕方がない。そがいなこたぁ気にせにゃええんじゃ。


やがて、三年が経過した。

匡貴さんは、しばらく前からＤＶＤをコレクションするようになった。買うことも多かったが、レンタルしたものを自分でダビングしてＤＶＤに焼くときもあった。

レンタル店のＤＶＤは標準的にコピーガードが掛かっている。

現在では、コピーガードの暗号を解除して複製する行為は、著作権法上の違法行為だ。

しかし、当時は著作権法が改正される前で、自宅で個人利用するだけなら合法だった。

国内外の有名な名画の類は、あらかた蒐集しつくして、彼が最近ハマっているのは「本当にあった」云々と称する怖いビデオだった。

いわゆるオカルトもので、本当にあったと謳《うた》っているが信じる方が愚かというものだと思っていた。けれども試しに観てみると、これがなかなか面白かったのだ。

その日は日曜日で、昼食後、近所のビデオレンタル店で、またその手のビデオを一本レンタルしてきた。

それは、実録風の短編がオムニバス形式で収録されているシリーズの最新巻だった。

さっそく観はじめたところ、序盤から中盤までは退屈で、はっきり言えば駄作だと思った。あまりのつまらなさに投げ出したいのを堪えて観ていると、とうとう最後の一話を残すばかりとなった。タイトルは「死の予告」。

若そうな男がビデオカメラを設置して、自画撮りしている。どことなく貧し気で風采の上がらない男だ。やがて男は、かかってきた電話の受話器を取って、誰かと話しはじめる。

どうやら就職に失敗して、不採用である旨を電話で告げられたようだった。

「死にます」と暗い声で男は呟き、鴨居にロープを掛ける。

そこでテロップが流れた。

《ここから先の映像は、実際の自殺現場を撮影したものです。深刻な悪影響を与えかねますので、心臓の弱い方やお子さまには決して見せないでください》

《尚、この映像をご覧になると、奇怪な現象が起きるかもしれないことを、あらかじめご了承ください。どうか自己責任でお願い致します。……本当にご覧になりますか？》

思わせぶりなカウントダウンが入り、いよいよ首を吊るのかと思いきや、次の場面でロープにぶらさがった男の亡骸が映る。

そこへ電話が掛かってくる。留守番電話に切り替わると、今亡くなったばかりの男の声がスピーカーから流れる──「もう知らないから」

「怖っ！」と思わず匡貴さんは叫んだ。

そして、なかなか良く出来ていると感心して、この作品だけコピーを録ることにした。

いつの間にか日が暮れていたので、天井の照明を点けて、ダビング作業を開始した。

その途端、明かりが消えた。

停電したのかと思ったが、コピーの進捗状況を知らせる目盛りは伸びつづけている。

ブレーカーを落とさずに照明を消すには、壁際のターンスイッチで操作するしかない。

はたして、スイッチを押すと点灯した。

──テロップの警告どおり怪奇現象が起きたんじゃろうか？

「マサくん」

「うわっ！」

急に声を掛けられてドキッとしたが、振り返ると部屋の戸口に妻がいた。

「夕ご飯にするけぇ手伝って。それと……」と途中で言葉を止めて、ベランダの方へ視線を移した。

「カナちゃん？」と娘の名前を呼びながら部屋に入ってくる。

「こっちにゃあ来とらん」と彼は言ったが、そちらを振り向いて慄然とした。

カーテンの一部が不自然に膨らみ、人の輪郭を浮き彫りにしていたのだ。

——カナはあがいに大きゅうない！

妻も気づいたようで、部屋の真ん中で立ち竦《すく》み、彼と目を合わせた。

「あ、あれは何……？」

匡貴さんは大きく息を吸い込むと、思い切ってカーテンの膨らみに飛びついた。

カーテンの布以外、何の手応えも伝わってこなかった。前のめりにつんのめって、両手が窓ガラスに当たった。危うく突き指するところだ。

そのとき、「ママー」と離れたところで、娘が妻を呼んだ。

「オジサンがおるよー」

妻が、つんざくような悲鳴をあげてしゃがみこんだ。

それから妻との関係が急速に悪化した。

実は、ここに住みはじめて間もない頃から、転居を検討するように、妻から何度も勧められていた。そのたびに匡貴さんは無視してきた。病院跡地だからなんとなく怖い感じがするという妻の言い分を内心馬鹿にしていたのである。

だが、とうとう彼女は、ここにはいられないと強く訴えはじめた。

ビデオをコピーした日から、ほぼ毎晩、電気が点いたり消えたり、カーテンが人の形に膨らんだりといった怪異が起きるようになってしまったせいだった。

妻は次第に精神状態を悪化させた。自ずと娘の情緒も不安定になり、赤ん坊のように夜泣きしたり、おねしょを漏らしたりするようになった。

彼は、しばらく妻を実家に帰らせることにした。娘を連れて妻が出ていくと、すぐに部下を家に招いた。みんなで酒でも飲んで気を紛らわせないとやっていられないと思ったのだ。

若い工員たちは喜んでくれて、それなりに話も弾んだ。

やがて少し酔いが回ってきた彼は、このうちで起きる怪奇現象について話しはじめた。

すると——

「そのビデオを観てから、しじゅう勝手に電気が点いたり消えたりするんよ」

こう話した途端に、明かりが消えた。

工員たちは大騒ぎした。だが、元より血気盛んな者が多く、しかもアルコールが入っている。あまり怖がらずに大いにウケて「そのビデオわしらに貸しんさいよ！」と言いだした。

匡貴さんは、例のコピーしたＤＶＤを彼らに貸した。

翌日、独身寮の寮長が姿を消した。

部下たちによれば、匡貴さんのマンションを訪問した五人で一室に集まってビデオを観ていたところ、突然、机に置いていたコップが五つとも全部、粉々に砕け散った。

次いで、激しい音を立てて窓ガラスが割れた。

悲鳴をあげて逃げ惑っていたら、寮長がやってきて彼らを叱責した。

そして、こうなった原因を詰問されたので一連の経緯を説明したところ、

「これはわしが預かる！　ちゃんとおさめえやぁ！（きちんと片付けなさいよ）」

と言ってＤＶＤを持ち去ったのを最後に、寮長はいなくなってしまったのだという。

匡貴さんは、この寮長と社内で親しく会話したことが二、三度あった。元は正社員で、定年後、独身寮の寮長になった人だった。歳は六四、五で、寮の仕事も数ヶ月後には退職する予定になっており、退職金が出たら海釣り用のボートを買うつもりだと話していた。

年齢の割に健康で、貯えが充分あり、借金も無かった。隠居生活を楽しみにしていると言ってた、あの寮長が失踪……？

従業員総出で周辺を捜索したものの、発見には至らなかった。

家族が警察に届け出たが、成人男性の家出と見做されてしまい、捜してもらえる見込みがないとのことだ。

しかし、失踪から七日後、匡貴さんのＤＶＤを観た若い工員のうちの一人が、変わり果てた姿になった寮長を発見した。

後に、匡貴さんが聞いたところでは、夢で、寮の裏山に登っていく寮長を見たのだという。

「僕は、自分の部屋の窓から山に入っていく寮長を眺めとりました。そのうち、ちょうど窓と同じ高さになる山の中腹辺りで寮長は立ち止まりよって、僕が見とるうちに、持っとったロープを木の枝に掛けて首を吊ってしもうたんじゃ」

そこで目が覚めた。

「全身汗びっしょりで飛び起きて、それから、もしかして正夢じゃったのではと……」

まだ夜明け前だった。窓を開けて目を凝らすと、夜の闇よりもさらに黒々とした不吉な影が一つ、木の枝にぶらさがっているのが辛うじて見えた。

その辺りもみんなで捜したつもりだったが、見落としていたのであろう。

「寮長は、たぶん、あのＤＶＤを観てしもうたに違《ちが》おらんでぇ」

匡貴さんもそう思った。

検視の結果、亡くなったのはＤＶＤを持ち去った数時間後だと判明した。

けれども、その後どれほど探しても問題のＤＶＤは出てこず、とうとう見つからずじまいになった。

やがて社員の間でＤＶＤの件が噂になると、匡貴さんは、寮長の死に自責の念を覚えていたせいもあって会社を辞めた。

さらに間を置かず、妻と別れた。

発端のＤＶＤから辞職に至る顛末《てんまつ》を妻に打ち明けたときには、覚悟していたことだった。

離婚を切り出されたときは、むしろホッとした。

まだローンが残っていたが、あのマンションに住みつづけることが彼にも耐えがたくなっていたのだ。

娘は、うちに「オジサンがおる」と言っていた。

寮長が死んでから、彼には「二人おる」ように感じられてならなかったのである。

# 太田の迷い道

群馬県南部の太田市《おおたし》周辺は関東平野の端に位置し、古代遺跡や古墳群の存在が示すとおり、早くから人の手で拓《ひら》かれた。室町時代には新田義重《にったよししげ》が荘園・新田荘を立券し、そのことから昔は新田郡と呼ばれた地域である。今や日本有数の工業都市だが、郊外には豊かな自然と田園が織りなす美しい景色が広がっている。

現在四〇歳の美咲《みさき》さんの祖父が太田市に居を構えたのは、まだここが新田郡と呼ばれていた時分だった。若い頃に富山鉱山で財を成し、その資産を元手に、当時、富士重工などの企業城下町として発展著しかった旧新田郡で、総合建築会社を興したのである。

全盛期には北関東一帯で大型のビルを手懸けるほど権勢を振るった。しかし、バブル景気の折にゴルフ場開発に手を出して失敗し、九〇年代半ばに倒産した。

昔の実業家によくあることだが、彼も羽振りの良かった頃にはヤクザと付き合いがあった。不渡りを二度も出して会社を潰してからは裏社会とも繋がりが切れたけれど、筋モノふうの厳《いか》つい外見と粗暴な言動が直らず、金の切れ目が縁の何とやらで晩年は人が離れた。

妻と孫の美咲さんを除いては、家族からも疎《うと》んじられる始末だった。

美咲さんは祖父を慕っていた。それというのも、数ある孫の中、美咲さんだけが特別に祖父に可愛がられてきたからだ。彼女が最後に出来た孫娘で、金と力をほしいままにしていた頃の彼を知らなかったせいかもしれない。

一方、祖母は貧しい農家の出で、昭和一桁の生まれにしても珍しく完全な非識字者であった。祖父は「拾ってやった」「貰ってやった」と言い放ってこき使っていたが、祖母はいつも朗らかに応じた。祖父に呼ばれると飛んでいって世話をし、倹約した上で家事の合間の畑仕事で蓄財に励み、祖父の会社が倒産した前後には数千万円ものへソクリを差し出した。「女が遅くまで寝てるもんじゃねえ」と「もったいねえ」というのが口癖で、夜明け前に起きて畑に出るのが日課だった。

美咲さんが一九歳になった年の五月の朝に、祖父は祖母の腕の中で死んだ。享年七二。心筋梗塞で、明け方、苦悶しながら祖母の名を叫んだが、もう手遅れだった。

祖父が逝くと、祖母は美咲さんの家を三日にあけず訪ねるようになった。ところが来るたびに畑で採れた野菜を大量に置いていくので、食べきれずに持て余すようになり、母が迷惑顔を隠さなくなった。祖母は他の親戚にも何くれとお節介をして、次第に敬遠されだした。

仕える人を喪って時間を持て余したのだろう。寂しそうなそぶりは見せなかったが、美咲さんは祖母のために胸を痛めた。

そこで、独りぼっちになってしまった祖母のもとに日参して、家事や畑仕事を手伝うことにした。祖母は彼女を歓迎した。

ちょうどその頃、両親、ことに母親と不仲だった美咲さんは、週の大半を祖母の家に泊まり込んで過ごすようになった。半ば同居しているようなものだ。自分の車を祖母の家の庭先に停めて通学しはじめると、週一度の帰宅が二週に一度になり、実家がどんどん遠のいた。


――ちなみに私は二、三年前にも美咲さんを取材したことがある。『実話奇譚　奈落』に収録した「姉」という話がそれだ。美咲さんが幼い頃から彼女の両親は躾と称して、私に言わせれば児童虐待を繰り返していた。成長して行動力を得た彼女が祖母と共に過ごすことを選んだのは、ごく自然の成り行きだったと思う――

当時、美咲さんは埼玉県大宮市のビジネス専門学校に通っていた。

専門学校は、どこも課題提出が多くて、怠ける暇がないものだ。それだけに、彼女も長期休暇を心待ちにしていた。とはいえ旅行などは計画しておらず、夏休みが始まっても、これまでと変わらず祖母と過ごすだけと思われたのだが……。

八月に入っても美咲さんと祖母の暮らしは相変わらずであった。西瓜《すいか》やトマトを収穫し、二人きりで祖父の初盆を迎えた。

そんな盆の最中のある日、専門学校の同級生から肝試しに誘われた。

「心霊スポット巡りをしようよ。そっちの方が田舎だから怖い場所があるんじゃない?」

同級生は、みんな東京都内か埼玉に住んでいた。群馬の片田舎から通っているのは同じ学年には美咲さんだけで、田舎と言われても本当のことだから腹も立たなかった。

むしろ「太田市ってどんなところ? 行ってみたいな」などと言われると嬉しくて、心霊スポットなんて知りもしないのに、案内を安請け合いしてしまった。

オカルトマニアならいざ知らず、普通の子だった彼女が小耳に挟んだことがある近所の怖い場所はたった二ヶ所。

昭和時代に流行った巨大迷路の跡と、廃墟になったラブホテルだけだった。

熱帯夜の宵の口に、男子学生が運転する中古の小型車が迎えに来て、彼女を入れて女二人、男三人の計五人で乗り合わせて出発した。

快適な乗り心地とは程遠かった。助手席に彼女が乗ると、後部座席に三人がぎゅう詰め。おまけに、走りだして間もなく、これが路面の凸凹に合わせてヘッドライトが点いたり消えたりするオンボロカーであることが判明した。冷房の効きもイマイチだ。

こんなことなら自分の車を出した方がマシだったたと後悔しても、後の祭り。

打ち捨てられて久しい昭和の巨大迷路と廃墟化した元ラブホテルを順繰りに訪ねた。

懐中電灯で照らしながら探検したが、怪奇現象など滅多に起きるものではない。

「ムシムシ暑いばっかりで、何にも出ないじゃん！」

小一時間もうろうろすると、苦情が上がった。

「蚊がいる！」と騒ぐ奴もいた。この都会っ子め、と美咲さんは腹の中で毒づきながらも、遠路はるばる来てもらって収穫ゼロで帰らせてはいけない、と焦った。

家族仲が悪い彼女にとって、友人は貴重だ。

――オバケじゃないと駄目なのかな？

実は、いわゆる幽霊なんかより、生きた人間の方が怖いと日頃から思っていたのだ。

たとえば、市内にある古い精神病院が幼い頃から怖かった。建物の外まで響く叫び声。周辺を徘徊している脱走患者たち。病院のスタッフに連れられて大人しく散歩している患者も、何の罪もないことはわかっていても、独り言を呟いていたりあらぬ方に視線をさまよわせていたりと普通ではないようすで、見かけるたびに背筋が冷たくなった。

「近くに脱走患者が多くて怖がられてる精神病院があるんだけど、そこはどうかな？」

遠慮がちに提案してみたところ、誰も反対しなかった。

「いいんじゃない？」「他に無いなら、とりあえず行ってみようよ」

その精神病院は、昔からある児童遊戯場と、ほぼ隣り合って建っていた。小学生の頃までは、その遊技場をたまに訪れたものだった。祖父母に連れてきてもらったこともある。雨天でも室内で子どもたちが遊べる広いホールを備えた建物に、サイクリング場が併設されていた。庭を走る小型機関車に最後に乗ったのは一〇年ほど前のことだろうか……。

「次の角を左に曲がると、大きな児童遊戯場があるの。精神病院はそのそばだよ」

ところが、左折して大通りを逸れてしばらく行くうちに、周囲のようすに異変が起きた。

「何だぁ？」と運転していた男子が上ずった声をあげた。

「道路が舗装されてないぞ！」

いつの間にか土の道を走っていたのだ。五人一斉にざわついたそのとき、今度はふっつりと辺りが暗くなった。……いっぺんに街灯が消えたのである。

車のヘッドライトをハイビームにすると、闇に向かって真っ直ぐに延びる一本道が照らしだされた。大通りから入ったときは二車線の道路だったのに、普通自動車がようやっと通れるぐらいの細い道に変わっている。泥だらけの道の左右は田畑のようで、遠くに家のシルエットが見えた。人家があることに幾分ホッとしたのも束の間、すぐにそれが茅葺き屋根の古民家であること、そして一つも明かりが灯っていないことに気づいてしまった。

「引き返そう！」と誰かが震え声で言った。

しかし道幅が足りず、無理にUターンして、うっかり道端の田んぼに落ちたらどうしようもないと思われた。とりあえず車を停め、懐中電灯を持って全員降りた。

遥か遠くで丘陵のシルエットが群青色の空を切り取っている。高い建物は一つも無い。

天を仰いだが月も星も見えず、青黒い夜の色がのっぺりと一面に広がっているだけだ。

「……虫が鳴いてないね」

恐ろしそうに友人が呟き、美咲さんも耳を澄ましてみた。

——五人の息遣いと衣擦れしか聴こえなかった。

地元の友だちに連絡を取ることを思いついたが、携帯電話は圏外になっていた。他の子たちの携帯電話も同様だった。

「おい！　地元民、頼むよ！　どうやって帰ればいいんだよ！」

「そんなこと言われたって、私もどうしたらいいかわからないよ。こんなはずじゃないんだから！」

もう一人の女子が半泣きで「私、怖い！」と叫んだ。「もうイヤ！　早く行こう！」

道に立っていると、周囲から闇が迫ってくるような気がした。示し合わせたわけではないのに、みんな同時に再び車に乗り込むと、ハンドルを握った男子がエンジンを掛けた。

彼は無言でアクセルを踏んだ。車は暗い道を前進しはじめたが、誰も否を唱えない。

みんなして固唾を呑んで前方を見守った。

そのまま一〇分ほど車を走らせた。すると道の右奥からニューッと山が現れてきた。

山頂から天守閣《てんしゅかく》の影が突き出している。近づくにつれ、山肌を覆うアカマツや高い石垣が見てとれるようになった。「……お城だ」と美咲さんは思わず呟いた。


215

「何というお城なの？」と訊かれたが、彼女は答えられなかった。知らなかったのだ。

「石垣の間に階段があるぞ！　天辺《てっぺん》まで上ったら、ここがどこかわかるんじゃない？」

「こんな夜中に？　危ないよ！　もしも足を踏み外して怪我でもしたら大変だよ？」

石垣沿いに徐行していると、どこかで車のクラクションが鳴った。驚いて停止した一瞬後、目の前に円い光が二つ現れた。怪物の眼……ではなくて、車のヘッドライトだった。

車は、ゆっくりとこちらに近づいてきた。白いセダンのようだ。

それは、美咲さんたちの一五メートルほど手前で、不思議なほど滑らかに右旋回した。

完全に後ろを向くと、緩慢な速度で走りはじめる。

――ついて来いってこと？

他の四人も、美咲さんと同じように感じたようだった。

白い車に誘導されて道を進むうちに、正面が次第に明るんできた。

ぽつりぽつりと遠くから順繰りに街灯が点きだして、道幅が広がり、アスファルトの舗装が現れ、センターラインがヘッドライトを白く反射しはじめた。

街の喧騒が潮騒のように押し寄せたと思ったら、大通りに突き当たっていた。

道を折れて行ってしまったのだろうか。ここに先導してくれた白い車が消えていた。

「さっきのシーマのお影で助かったな！」

と、運転席の男子が話しかけてきた。

「シーマだった？」と美咲さんは胸をざわつかせながら訊き返した。

――晩年の祖父は、日産のシーマに乗っていた。車体は白く、型落ちしていた。

「うん。少し古そうだったけど、日産のシーマで間違いない」

美咲さんは、そのときの涙の理由を誰にも言わなかった。

朝焼けが遠い山肌を茜《あかね》色に染めあげる頃、祖母の家に着いた。

ただいまの挨拶もそこそこに「お線香をあげさせて」と言ったら、何があったか話していないのに、祖母は真剣な表情で美咲さんの顔に強い視線を当てて、

「早くあげろ。祖父ちゃんに、ようくお礼しろよ」と言った。

その祖母も、五年前に鬼籍《きせき》に入った。

美咲さんは数年前に結婚して、お連れ合いと仲睦《なかむつ》まじく暮らしている。夫にこの話をしたところ、わざわざ地図を調べて、これと思われる城跡を見つけてくれたそうである。

金山城跡《かなやまじょうあと》という、太田市の中央に聳える金山《かなやま》の山頂に築かれた山城の跡がそれだ。

室町時代後期に築城され、安土桃山時代中期に落城した。天守閣は残っていないが、石垣が現存している。新田氏が築城したことから、新田金山城と呼ばれることもある。

——あの夜、美咲さんたちは一六世紀にタイムスリップしたのだろうか。

# 【参考資料】


日本伝承大鑑「千葉／七天皇塚」 https://japanmystery.com/chiba/sitiennou.html

『風土記（日本古典文学大系新装版）』秋本吉郎 校注／岩波書店

『千葉大女医殺人事件』佐木隆三 著／徳間書店

千葉市ホームページ「千葉氏と北辰（妙見）信仰」

https://www.city.chiba.jp/sogoseisaku/sogoseisaku/identitysuishin/chiba-myouken.html

『民族と歴史 七巻・五号』より「河童の話」谷若六 著／日本学術普及会

『日本俗信辞典 動物編』鈴木棠三 著／ＫＡＤＯＫＡＷＡ

怪異・妖怪伝承データベース https://www.nichibun.ac.jp/YoukaiDB3/search.html

『昔話伝説研究 十七号』より「土佐・四万十川流域の伝説（1）」常光徹 著／昔話伝説研究会

岩国市公式観光Ｗｅｂサイト「岩国 旅の架け橋」より「二鹿の滝」

http://kankou.iwakuni-city.net/futashikanotaki.html

『河童の世界』石川純一郎 著／時事通信社

テレビ紹介情報より「《緊急！ 公開大捜索 '20春》で紹介された情報」

https://kakaku.com/tv/channel=6/programID=99819/page=3/

青森県庁ウェブサイト「森林・林業」 https://www.pref.aomori.lg.jp/sangyo/sinringyo/

緑の雇用 RINGYOU.NET https://www.ringyou.net/

ＪＡＰＡＮ　ＧＥＯＧＲＡＰＨＩＣ「滋賀県高島市　朽木谷」ジャパンジオグラフィック一般社団法人
https://japan-geographic.tv/shiga/takashima-kutsuki.html
『雲のカタログ 空がわかる全種分類図鑑』村井昭夫　鵜山義晃　著／草思社
廃墟検索地図「旧榎トンネル」 https://haikyo.info/s/2214.html
糸魚川観光ガイド「勝山城」 https://www.itoigawa-kanko.net/trad/katsuyamajo/
埼玉県立の博物館施設収蔵資料データベース　http://www.rekimin-database.jp/search/index.php
『神楽を楽しむ　～埼玉の神楽入門～』埼玉県立歴史と民俗の博物館　発行・編纂
千葉県ホームページ「復旧・復興関連情報―令和元年房総半島台風・東日本台風及び10月25日の大雨による被害」
https://www.pref.chiba.lg.jp/bousaik/fukkyu-fukkou/emg2019.html
春日神社ホームページ　http://kasugajinja.web.fc2.com/
和泉市ホームページ「春木町」 https://www.city.osaka-izumi.lg.jp/school/esch/minamimatsuo/5mach/harukicyou.html
『角川日本地名大辞典27　大阪府』角川日本地名大辞典編纂委員会　編／角川書店
『物部氏の正体』関 裕二　著／新潮社
コトバンク「吹田荘」 https://kotobank.jp/word/%E5%90%B9%E7%94%B0%E8%8D%98-844756
コトバンク「西園寺公経」 https://kotobank.jp/word/%E8%A5%BF%E5%9C%92%E5%AF%BA%E5%85%AC%E7%B5%8C-67707
中本葬祭ブログ「お棺の蓋に窓がついているのは何のため？」
https://nakamoto.jp/%E3%81%8A%E6%A3%BA%E3%81%AE%E8%93%8B%E3%81%AB%E7%AA%93%E3%81%8C%E4%BB%98%E3%81%84%E3%81%A6%E3%82%8B%E3%81%AE%E3%81%AF%E4%BD%95%E3%81%AE%E3%81%9F%E3%82%81%EF%BC%9F/

一般財団法人　地域創造「大阪市　精華小劇場オープン」
https://www.jafra.or.jp/library/letter/backnumber/2004/116/5/1.html
日本経済新聞「進む再開発 小学校跡地、大大阪の面影　時を刻む」
https://www.nikkei.com/article/DGXMZO45125550S9A520C1AA1P00/
論文「日本における仏教諸宗派の分布 ―仏教地域区分図作成の試み―」小田匡保　著／駒沢地理№39
http://repo.komazawa-u.ac.jp/opac/repository/all/16343/kg039-03.pdf
『浄土三部経』佐々木惠精　解説／浄土真宗本願寺派総合研究所 教学伝道研究室　聖典編纂担当／本願寺出版社
広島広域観光情報サイト　ひろたび「疱瘡神社」　https://www.hiroshima-navi.or.jp/post/006315.html
三原やっさ祭り／三原やっさ祭り振興協議会／三原やっさ祭り実行委員会
https://www.yassa.net/index.html
『軽井沢シンドローム』たがみよしひさ　著／ぶんか社コミックス／Ｋｉｎｄｌｅ版
年代流行　https://nendai-ryuukou.com/
軽井沢観光協会公式ホームページ「避暑地としての軽井沢の誕生」
https://karuizawa-kankokyokai.jp/knowledge/235/
「天皇皇后両陛下のキューピット役が明かす「テニスコートの恋」と正田家への電話大作戦」上田耕一　著／週刊朝日
初出／アエラ・ドット　転載　https://dot.asahi.com/wa/2019042700002.html?page=1
『ほんとにあった！　呪いのビデオ16』福田陽平　監督／株式会社ブロードウェイ
一般社団法人南アルプス市観光協会「夜叉神峠」　https://minami-alpskankou.jp/?page_id=5607
城びと「日本100名城・金山城（群馬）落城知らず！大部分を石垣が覆う巨大な山城」／公益財団法人日本城郭協会 公認

サイト　https://shirobito.jp/article/721
太田市ホームページ「金山城」　https://www.city.ota.gunma.jp/005gyosei/0170-009kyoiku-bunka/topics/nyumon.html
産経新聞「校舎被爆の歴史継承　鎮西学院、平和祈念ミュージアム開設　長崎」（二〇一七年八月三日付）
長崎原爆資料館ホームページ「鎮西学院中学校」
https://nagasakipeace.jp/japanese/atomic/record/gallery/chinzei.html

# 実話奇譚　蠱惑

2021年5月5日　初版第1刷発行

著者……………………………………………………………………………川奈まり子
企画・編集 ……………………………………………………中西如（Studio DARA）
カバーデザイン …………………………………………荻窪裕司（design clopper）

発行人…………………………………………………………………………… 後藤明信
発行所…………………………………………………………………… 株式会社 竹書房
〒102-0075　東京都千代田区三番町８－１　三番町東急ビル６F
email：info@takeshobo.co.jp
http://www.takeshobo.co.jp
印刷所…………………………………………………………… 中央精版印刷株式会社